릭 워렌의

더불어 삶

국제제자훈련원은 건강한 교회를 꿈꾸는 목회의 동반자로서 제자 삼는 사역을 중심으로 성경적 목회 모델을 제시함으로 세계 교회를 섬기는 전문 사역 기관입니다.

더불어 삶

개정판 발행 | 2009년 12월 18일
지은이 | 릭 워렌
펴낸이 | 김명호
기획책임 | 박주성
마케팅책임 | 김석주
표지이미지 | (주)토픽포토에이전시

개정판7쇄 발행 | 2010년 1월 30일
옮긴이 | 박원철
펴낸곳 | 도서출판 국제제자훈련원
편집책임 | 장병주
표지 · 내지디자인 | 안윤정

등록번호 | 제22-1240호(1997년 12월 5일)
주소 | (137-865) 서울시 서초구 서초1동 1443-26
e-mail | dmipress@sarang.org
홈페이지 | www.discipleN.com
전화 | 내용문의 (02)3489-4310 · 구입문의 (02)3489-4300
팩스 | (02)3489-4309

값 8,000원 ISBN 978-89-5731-438-8 03230

● 독자의 의견을 기다립니다.

릭 워렌의
더불어 삶

| 릭 워렌 지음 | 박원철 옮김 |

국제제자훈련원

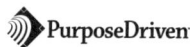

Published by PurposeDriven® Publishing
20 Empire
Lake Forest, CA 92630
www.purposedriven.com

Originally published in the U.S.A. by PurposeDriven® Publishing under the title
better together - What on earth are we here for?
Copyright © 2004 by PurposeDriven® Publishing
Korea Copyright © 2005, 2009 by DMI Press,
1443-26, Seocho1-dong, Secho-gu, Seoul 137-865, Korea

이 책의 한국어판 저작권은 저작권자와의 독점 계약한 국제제자훈련원에 있습니다.
신저작권법에 의하여 한국 내에서 보호받는 저작물이므로 무단 전재와 복제를 금합니다.

목차

추천사 | 서정인(한국컴패션 대표) _ 08
서문 _ 10

1장 더불어 삶은 사랑하는 법을 배우는 것 _ 19

혼자 배울 수 없는 사랑 _ 20
사랑은 의지적인 실천 _ 23
사랑의 본질 _ 27
구원받은 자의 열매 _ 30
영적 가족 안에서의 사랑 _ 34
우리의 삶은 영원한 사랑을 위한 연습의 장 _ 37
세상이 지켜보는 사랑 _ 40

2장 더불어 삶은 그의 운명에 관심을 갖는 것 _ 45

그를 살리겠다는 결심 _ 46
한 사람보다 둘, 둘보다 셋 _ 49
마음을 열게 하는 초대 _ 53
마음으로 받아들이기 _ 57
모든 사람과 친구 되는 일 _ 60
사랑과 섬김의 표현 _ 64
그리스도인의 영향력 _ 67

3장 더불어 삶은 하나님의 눈으로 그를 보는 것 _ 73

서로에게 속한 자들 _ 74
헌신이 만들어 내는 관계 _ 77
하나님의 눈으로 바라보는 존경 _ 79
위로와 겸손이 주는 안전감 _ 84
같은 마음, 같은 뜻 _ 87
용납과 이해를 위한 참음 _ 91
깊은 관계로 나아가게 하는 정직 _ 94

4장 더불어 삶은 그와 함께 성숙해 가는 것 _ 99

나를 성숙시키는 모델 _ 100
서로를 세워 주는 격려 _ 103
가르치며 동시에 배우는 자들 _ 107
사랑과 지혜가 담긴 권면 _ 110
나를 낮추는 연습 _ 113
은혜와 회복을 위한 고백 _ 116
앙갚음을 제거하는 메스(mes) _ 120

5장 더불어 삶은 그의 짐을 나누어지는 것 _ 125

    섬기기 위한 전제 조건 _ 126
    상호적인 사랑의 법 _ 129
    아낌없이 나누는 삶 _ 133
    자신을 아는 겸손 _ 137
    은사로 다른 사람을 섬김 _ 140
    진지한 섬김, 진지한 희생 _ 143
    두 사람이 한 사람보다 낫다 _ 147

6장 더불어 삶은 함께 예배함으로 기쁨을 누리는 것 _ 151

    하나님이 계획하신 삶의 리듬 _ 152
    예배는 서로를 향한 사랑 _ 155
    함께하는 기도의 힘 _ 158
    거룩한 헌금 _ 161
    예배는 축제 _ 165

추천사

누군가와 더불어 산다는 것은 참 어려운 일입니다. 생각, 습관, 표현하는 말의 의미나 행동까지 다른 사람들과 더불어 살려면 누군가는 양보해야 하고, 자기 생각을 굽혀야 하고, 때로는 희생하게 됩니다. 여기까지 생각하게 되면 더불어 산다는 것은 그리 매력적인 일이 아닐 수도 있습니다. 특히 요즘처럼 자기 자존심을 내세우고 자기 목소리를 높여야 똑똑하다는 소리를 듣는 시대라면 더욱 그렇겠죠.

릭 워렌 목사님의 이 책은 읽어갈수록 마음이 편안해집니다. 여유로워지고 즐거워집니다. '더불어 삶'은 사랑을 주고받는 삶이라고 말하고 있기 때문입니다. 사랑이 없다면 더불어 산다는 것은 그저 나에게, 또 다른 이에게 의무나 책임을 지우는 부담스러운 것이 되고 말 것입니다.

하나님은 사랑입니다. 하나님께서는 우리에게 당신의 마음으로 한 영혼을 바라보라고 하십니다. 그런데 그 지경이 너무나 넓습니다. 나와 다른 사람들 너머 원수까지 사랑하라고 합니다. 이 책은 그 깊고 넓은 곳까지 사랑할 수 있도록 도전과 실제적인 지침, 그 원천이 어디에서 시작되어 오는가를 알려 줍니다. 그럼으로써 살아계신 하나님을 더욱 사랑하게 됩니다.

내가 변화됩니다. 그럼으로써 우리가 변화됩니다. 중요한 것은 먼 곳에 있는 누군가를 피상적으로 사랑하는 것이 아니라 실제적으로 내 주위에서부터 사랑하게 해준다는 것입니다.

이 책을 읽는 모든 분들은 관계 속에서 내 모습이 예수님을 닮아가고 관계의 범위가 넓어짐을 느끼게 될 것입니다. 그런데 그 과정은 더욱 낮아지고 깨지는 것입니다. 더불어 산다는 것은 이처럼 매력적이지 않은 말일 수 있지만, 예수님이 그러하셨기에 사랑하는 마음으로 따른다면, 어느새 수많은 사람을 얻게 될 것입니다. 기독교 공동체를 만들어가는 핵심인물로 존재하게 될 것입니다.

한국컴패션 대표 서정인 드림

서문

우리는 『목적이 이끄는 삶』을 통해 하나님께서 우리 각자를 이 땅에 존재하게 하신 목적을 깨달았다. 그리고 오늘날 세계 곳곳의 수백만 사람들이 목적에 맞는 삶을 살고 있다.

그러나 하나님께서 우리를 위해 계획하신 '목적이 이끄는 삶'은 혼자만 그렇게 살아가는 것을 의미하지 않는다. 사실 혼자서 삶에 대한 하나님의 목적을 성취하는 일은 불가능하다. 우리는 서로를 필요로 하는 존재이다! 우리는 다른 사람과 함께 '더불어 삶'을 살아야 한다. 창세전부터 하나님께서는 우리가 다른 사람들과 함께 공동체 안에서 하나님의 목적을 성취하도록 계획하셨다. 왜냐하면 두 사람이 한 사람보다 낫기 때문이다!

이 책은 우리의 삶에 심긴 목적의 씨앗들에 물을 주고, 영적 성숙과 이 땅에서의 의미 있는 삶을 향해 한 걸음 더 나아가도록 돕는다. 또한 하나님께서 우리의 유익과 성장을 위해 다른 사람들, 특별히 교회 공동체 안에 있는 다른 사람들과 어떻게 더 깊은 이해를 가지고 살아가야 하는지 깨닫게 한다. 더불어 하나님께서 다른 사람들을 축복하기 위해 우리를 어떻게 사용하시는가도 보여 줄 것이다.

더불어 삶은 하나님이 우리에게 가지고 계신 목적을 '함께' 성취하는 데 초점을 맞춘다. 첫째는 하나님의 가족으로 모인 교회가 더욱 깊은 사랑의 공동체가 되게 하는 것이고, 둘째는 교회 주변의 지역 사회 공동체에 사랑으로 다가가는 것이다. 이 두 가지는 건강하고 균형 있는 목적이 이끄는 삶을 위해 매우 중요하다. 그런 의미에서 우리가 소그룹 모임에 참여하는 것은 '더불어 사는 삶'에서 중요한 부분이다. 진정한 공동체(코이노니아)는 배워서 되는 것이 아니라 삶에서 자연스럽게 배어 나와야 한다. 소그룹 안에서 공동체에 대한 이론만 배울 것이 아니라 직접 공동체를 경험하게 되기를 바란다.

『목적이 이끄는 삶』이 "나는 왜 이 세상에 존재하는가?"라는 물음에 초점을 맞추었다면, 이 책 『더불어 삶』은 "우리는 왜 이 세상에 존재하는가?"라는 두 번째 질문에 초점을 맞추고 있다. 앞으로 우리는 삶에 대한 하나님의 목적을 성취하기 위해 우리가 왜 서로에게 필요한 존재인지에 대해 살펴볼 것이다.

사랑하는 법을 배우는 것
사랑은 혼자 할 수 없다. 그러나 내가 사랑할 수 있는 사람을 고르고 그들만 사랑하는 것은 사랑이 아니다. 그것은 사랑이 아니고 이기심이다. 예수님은 가난한 자를 위로하셨고, 버림받은 자들과 어울리셨고, 문둥병자를 만지셨으며, 모든 종류의 죄인들과 함께 지내셨다. 우리 삶의 목적이 많은 재산과 높은 지위를 얻거나 성공해서 행복한 삶을 누리는 것이 되어서는 안 된다. 삶은 사랑에 관한 것이고, 하나님과 다른 사람들과의 관계를 키워 나가는 것이다. 우리가 삶의 모든 영역에서 하나님과 이웃을 사랑하는 법을 배우지 못한다면 하나님께서 우리를 창조하시고 이 땅에 있게 하신 목적을 결코 이해할 수 없다. 삶에서 가장 중요한 것은 사랑하는 법을 배우는 것이다.

그의 운명에 관심을 갖는 것
다른 사람들이 영원한 죽음에 이르는 것을 본 일이 있는가? 그러면서 그들의 운명에 관심을 가져 본 적이 있는가? 나는 어떻게 하면 주변 사람들에게 복음을 전할까를 고민한다. 하지만 무작정

달려들고 싶지는 않다. 나는 먼저 그들의 운명에 관심을 가진다. 죽을 수밖에 없는 그들의 삶을 바꿔야겠다고 결심한다. 그리고 그들을 위해 할 수 있는 일을 찾는다. 먹을 것이 필요한 가난한 사람들, 누군가의 방문이 필요한 병든 환자들, 집을 수리하는 데 도움이 필요한 이웃 노인들, 좋은 조언자가 필요한 해체된 가정의 아이들, 그리고 자신들을 향한 하나님의 사랑과 목적을 알 필요가 있는 주변의 이웃들…. 하나님께서 예수님을 이 땅에 보내셔서 십자가에 돌아가시게 한 이유가 바로 이 때문이다. 나도 그 목적에 쓰임 받기를 간절히 원한다.

하나님의 눈으로 그를 보는 것

당신 주변에 있는 사람을 보라. 혹시 자신의 욕심이나 숨겨놓은 이해타산으로 사람을 보고 있지는 않은가? 제 눈으로 사람을 보면 만족할 만한 사람이 얼마나 되겠는가? 성경은 우리가 교제하기 위해 지음 받았다고 분명히 말한다. 교제를 위해서는 최소한 두 사람이 필요한 동시에 수많은 대중들과 함께 교제하는 것도 불가능하다. 우리는 평생을 교회에 출석하고도 여전히 외로움과 단절감을 느낄 수 있다. 하나님의 눈으로 그를 보아야 한다. 언젠가 그와 함께 천국의 삶을 누릴 것을 생각해 보라. 우리가 예수 그리스도에게 헌신하듯 서로에게 헌신해야 한다. 하나님의 눈으로 그를 보아야만 서로를 섬기고, 함께 고난받을 수 있는 깊은 수준의 관계로 들어갈 수 있다.

그와 함께 성숙해 가는 것
어떤 사람들은 거룩하고 의롭게 사는 유일한 방법이 혼자 은둔하여 사는 것이라고 생각한다. 그러나 이 땅에 살았던 가장 거룩한 분이신 예수님은 우리 속에서, 우리의 모든 문제 가운데서 생활하셨다. 인간관계가 없다면 우리는 결코 인내, 친절, 희생, 용서, 그리고 하나님께서 우리가 소유하기를 원하시는 그리스도를 닮은 다른 자질들을 키울 수 없다. 우리의 팔이 몸에서 분리되면 자랄 수 없는 것처럼 우리가 믿는 자들의 몸에서 분리되어 단절되면 영적으로 성장할 수 없다. 몸이 그 기능을 제대로 발휘하려면 몸의 각 지체가 그 기능을 잘 담당해야 하듯이 우리는 함께 관계를 나눔으로 성장해 갈 수 있다.

그의 짐을 나누어지는 것
혼자보다 함께 하나님을 섬길 때 더 많은 이점이 있다. 서로의 약점을 보완해 줄 수 있고, 더 효과적으로 일할 수 있으며, 우리의 능력이 배가될 수 있고, 더 큰 문제들도 물리칠 수 있다. 내가 가진 재능은 개인적인 유익을 위한 것이 아니다. 하나님은 다른 사람들의 유익을 위해 나에게 재능을 주셨다. 반대로 나의 유익을 위해 다른 사람들에게도 재능을 주셨다. 이런 의미에서 어느 누구도 스스로 온전히 자급자족할 수 있다고 자만할 수 없다. 하나님은 우리가 하나님의 목적을 성취하기 위해 서로 의지하기를 원하신다. 함께 하나님을 섬기는 것은 하나님께서 계획하신 일이다. 이 책을 읽으면서 많은 사람들이 함께 짐은 나누어 짐으로써 섬기는 자의 기쁨을 제대로 경험하길 원한다.

함께 예배함으로 기쁨을 누리는 것

함께 예배드릴 때 우리의 기쁨은 더욱 커지고 우리의 시각은 더욱 넓어진다. 예수님은 "두세 사람이 내 이름으로 모인 곳에는 나도 그들 중에 있느니라"(마 18:20)고 했다. 하나님은 항상 우리와 함께하신다. 또한 다른 믿는 자들과 함께하는 공동체 안에서만 즐기고 경험할 수 있는 독특하고 강력한 하나님의 임재가 있다. C. S. 루이스는 함께 예배드리는 것에 대해 그의 경험을 이야기했다. "나는 그들이 부르는 찬양을 아주 싫어했다. 그들의 찬송은 저급한 가사에 더 저급한 곡을 붙인 것처럼 보였다. 그러나 계속해서 예배에 참석하면서 나는 그들이 함께 부르는 찬송의 귀한 면을 발견하게 되었다. 그리고 점점 내가 가지고 있던 편견의 껍질은 벗겨지기 시작했다. 건너편 좌석에 앉은 한 늙은 그리스도인이 고무장화를 신은 채 온몸과 마음과 열정을 다해 찬송을 부르고 있는 것을 목격했다. 그 순간 나는 그 고무장화조차 깨끗이 씻을 자격이 없는 사람이라는 것을 깨닫게 되었다. 함께 예배드림으로써 우리는 우리의 독단적인 자만에서 벗어나게 된다."

예수님은 마태복음 25장 35-40절에서 우리가 언젠가는 하나님 앞에서 심판을 받기 위해 설 것이며 그 심판의 기준 중 하나는 '우리가 다른 사람들을 어떻게 대우했는가'라고 말씀하신다. "내가 주릴 때에 너희가 먹을 것을 주었고 목마를 때에 마시게 하였고 나그네 되었을 때에 영접하였고 헐벗었을 때에 옷을 입혔고 병들었을 때에 돌보았고 옥에 갇혔을 때에 와서 보았느니라." 이에 대해 우리는 "주님, 언제 우리가 주님께 그렇게 하였습니까?"라고 반문할 것이다. 그러면 하나님께서는 "너희가 여기 내 형제 중에 지극히 작은 자 하나에게 한 것이 곧 내게 한 것이니라"고 대답하실 것이다.

이제는 사랑을 행동으로 실천할 때다. 교회의 모든 소그룹이 지역 사회 이웃들에게 실제적인 방법으로 사랑을 보이며 함께 전도할 때 일어날 일을 상상해 보라. 그 지역 사회가 완전히 변화될 것 같지 않은가? 또한 목적이 이끄는 교회들 안의 모든 소그룹들이 실제적인 방법으로 사람들에게 사랑을 보이며 더불어 살 때 어떤 일이 일어날지를 상상해 보라. 수백만 명의 사람들이 감동을 받고, 수백만 명의 사람들이 예수 그리스도를 믿기 시작하며, 수백만 가지의 구체적인 필요들이 채워지게 될 것이다. 그리하여 교회는 사랑을 실천하는 곳으로, 더불어 사는 사람이 모인 곳으로 인식되기 시작할 것이다. 하나님께서는 이를 지켜보며 기뻐하실 것이고, 우리는 이 시대가 절실히 필요로 하는 영적 부흥을 목격하게 될 것이다.

하나님은 오늘날에도 수천 개의 교회 안에서 놀라운 방법으로 역사하고 계신다. 이 위대한 역사를 함께 만들어 갈 동역자로, 하나님의 영광을 위해 더불어 삶을 사는 사람들과 교회를 초대한다. 솜사탕 같은 눈송이라도 한데 뭉치면 집을 무너뜨릴 만큼의 힘을 발휘한다. 이처럼 우리도 개별적으로는 별 영향력이 없다고 느낄 수 있지만 우리가 속한 소그룹과 교회의 지체들, 그리고 하나님의 목적을 위해 헌신한 다른 여러 사람들과 함께 더불어 일한다면 이 세상에 큰 영향력을 미칠 수 있다. 이것이 바로 위대한 더불어 사는 삶의 힘이다!

우리가 태어나기도 전에 이미 하나님께서는 세상을 변화시키고 우리의 삶이 선한 일에 영향력을 미치도록 우리를 선택하셨다. 삶의 목적과 의미를 성장시키는 단계로 기꺼이 나아가고자 하는가? 그렇다면 교회가 더욱 깊은 사랑의 공동체가 되고, 교회 주변의 지역 사회에 사랑으로 복음을 전하는 더불어 삶을 사는 영적 여정에 기꺼이 동참하기를 바란다. 두 사람이 한 사람보다 낫다!

사랑과 경의를 보내며,
릭 워렌 목사

1장
더불어 삶은 사랑하는 법을 배우는 것

사랑하는 자들아 하나님이 이같이 우리를 사랑하셨은즉
우리도 서로 사랑하는 것이 마땅하도다 요한일서 4장 11절

이 땅에서 살아가는 일차적인 목적이 많은 재산과 높은 지위를 얻거나 성공해서 행복한 삶을 누리는 것이 되어서는 안 된다. 이런 것들은 모두 부차적인 문제들이다. 삶은 사랑에 관한 것이고, 하나님과 다른 사람들과의 관계를 키워 나가는 것이다.

혼자 배울 수 없는 사랑

예수님은 사랑을 가장 큰 계명이라고 말씀하셨다(마 22:38). 그러므로 사랑하는 일보다 더 중요한 것은 없다. 왜 그런가? 하나님 자신이 사랑이시기 때문이다. 그리고 하나님은 우리가 자신을 닮기 원하신다. 하나님은 아무런 조건 없이 우리를 깊이 사랑하신다. 그래서 우리가 하나님을 사랑하고 이웃을 사랑하고, 특별히 하나님 안에서 한 가족인 다른 성도를 사랑하기 원하신다.

그런데 문제는 사랑하는 것이 우리의 본성은 아니라는 점이다. 우리의 본성은 우리 자신을 먼저 생각한다. 다시 말해 우리는 본성적으로 우리의 행동이 다른 사람에게 어떤 영향을 미칠지에 대해서는 전혀 고려하지 않고 자신에게 가장 큰 이익이 되는 일만 한다는 것이다. 다행히 성인으로 자라가면서 점차 덜 이기적이고 조금 더 베푸는 사람이 되기는 하지만 우리 주변에는 여전히 성장하지도 않고 자신들이 원하고 바라는 욕망들에만 관심을 기울이는 사람들이 있다. 이런 자기중심적인 인간의 본성이 개인적으로나 전 세계적으로 모든 문제의 실제적인 근원이 된다.

진정한 사랑은 자신보다 먼저 다른 사람의 필요를 생각한다. 진정한 사랑은 다른 사람의 문제를 나의 문제로 여긴다. 진정한 사랑은 다시 되돌려 받을 수 있는 아무런 보장이 없음에도 불구하고 다른 사람에게 베풀고 나누어 준다. 진정한 사랑은 받을 만한 아무런 자격이 없는 이들에게 그들이 필요로 하는 것을 준다.

이렇듯 사랑은 열정을 불러일으키기만 하는 단순한 감정이 아니다. 사랑은 선택이고, 실천이며, 행동이고, 헌신이다. 사랑은 다른 사람을 위해 희생을 감수한다.

대부분의 세상 사람들은 진정한 사랑이 무엇인지를 잘 모르고 있다. "나는 당신이 필요해. 나는 당신을 원해. 당신을 소유하고야 말겠어!"라고 노래하는 것은 참된 사랑이 아니다. 그것은 정욕적인 사랑이다. 진정한 사랑은 어떻게 하면 내가 섬김을 받을 수 있을까가 아니라 어떻게 하면 내가 다른 사람을 섬길 수 있을까를 먼저 생각한다. 이것은 우리의 이기적인 성향과는 정반대되는 모습이다.

그래서 우리는 사랑하는 법을 배워야만 한다. 하지만 이것은 쉬운 일이 아니다. 진정한 사랑을 하기 위해서는 이에 대한 지식과 하나님의 은혜, 그리고 수많은 연습이 필요하다. 계속해서 사랑의 방식대로 생각하고 행동하도록 우리 자신을 훈련해야 한다.

다이아몬드처럼 사랑도 다면적인 모습을 가지고 있다. 진실한 사랑을 배운다는 것은 결코 쉬운 일이 아니다. 그러나 진실한 사랑은 이 땅에서는 도저히 상상할 수 없는 엄청난 축복을 우리의 삶에 가져다 줄 것이며 영생을 위해 준비하게 할 것이다.

혼자서는 사랑을 배울 수 없다. 우리가 사랑을 실천하기 위해서는 다양한 부류의 사람들과 관계를 키워 나가야만 한다. 성경은 다른 사람과 관계를 키워 나가는 것을 '공동체' 안에 머무는 것으로 표현한다. 이는 다른 말로 '친교'라고 하기도 한다. 서로 사랑하라고 하신 하나님의 명령을 실천하기 위해서는 교회 지체들과 관계를 맺고, 소그룹 성경공부에 참여하여 서로 교제하는 것이 절대적으로 필요하다.

소그룹 모임에서 성경공부가 중요한 요소이기는 하지만, 효과적인 소그룹 모임은 성경공부 이상으로 서로 영향을 미치고, 서로 나누고, 서로 질문하고, 서로를 위해 기도해 주는 곳이 되어야 한다. 그러므로 공동체는 우리가 사랑하는 법을 배울 수 있는 중요한 현장이다.

하나님께서 우리를 얼마나 사랑하시는지를 깨닫는 것은 참된 공동체를 형성하는 출발점이 된다. 하나님께서는 모든 사람들을 동일하게 사랑하신다. 그리고 하나님의 자녀들이 서로 사랑하기를 원하신다. 이러한 삶을 살기 위해서는 다음과 같은 세 가지 기초가 필요하다.

> 첫째, 하나님께서 우리를 사랑하시므로 우리도 서로 사랑해야 한다.
> 둘째, 우리 속에 있는 하나님의 사랑이 우리가 서로 사랑할 수 있도록 능력을 준다.
> 셋째, 우리를 통한 하나님의 사랑은 다른 사람을 사랑하는 법을 우리에게 가르쳐 준다.

사랑은 의지적인 실천

하나님께서는 우리가 서로 사랑하기를 결단해야 한다고 말씀하신다. 우리가 다른 지체들에게 어떤 감정을 느끼든, 그들이 전혀 사랑스럽지 않다 할지라도 우리는 그들을 사랑해야 한다. 사랑하는 것이 아무리 어려울지라도 하나님께서 우리의 삶과 교회, 그리고 소그룹에 보내 주신 다른 지체들을 적극적으로, 계속적으로, 그리고 깊이 사랑해야만 한다.

사랑은 명령이다. 하나님의 명령에 순종하기를 원한다면 우리는 사랑하기로 결단해야만 한다. 하나님께서는 서로 사랑하는 것을 너무나도 중요하게 생각하시므로, 우리가 서로 '사랑해야만' 한다고 말씀하신다(요일 4:21). 사도 요한이 사랑과 순종을 같은 의미로 묘사하고 있는 것을 주목해 보라. 사도 요한은 다음과 같이 예수님의 말씀을 전하고 있다. "너희가 나를 사랑하면 나의 계명을 지키리라"(요 14:15). 이 말씀은 성경 곳곳에서(요 14:23, 24, 15:12, 14, 17; 요일 2:3, 5:3; 요이 1:6) 강조되고 있음을 알 수 있다.

이처럼 순종을 사랑과 연결시키고 있는 이유는 무엇인가? 그것은 바로 성도의 하나 됨을 나타내기 때문이다. 그것은 하나님 나라 사역에서 가장 기초가 되는 교회와 소그룹 내의 성도가 영적인 하나 됨을 말한다. "우리는 서로 사랑할지니 이는 너희가 처음부터 들은 소식이라"(요일 3:11). 그리스도는 사랑이 좋은 생각이나 지나치게 감상적인 느낌에 근거한다는 신화를 깨뜨리신다. 주님은 우리의 행위와 믿음이 조화를 이루어 하나님께서 원하시는 거룩한 행동으로 나타날 수 있는 더욱 높은 수준으로 사랑의 개념을 정의하신다. 사랑은 캠퍼스에서 달콤하게 속삭이는 낭만도 아니고 상대방이 나와 똑같이 되기를 강요하는 관계도 아니다. 도리어 우리는 하룻밤에도 몇 번이고 지친 모습으로 아기 침대로 달려가는 어머니의 모습에서, 또는 침몰하는 배에서 다른 사람을 위해 구명보트의 자리를 양보하는 이의 모습에서 진정한 사랑을 발견한다. 사랑은 우리가 아직 죄인 되었을 때 우리를 위하여 십자가 위에서 돌아가신 그리스도이시다(롬 5:8).

예수님은 우리가 다른 사람들을 우리의 시간과 관심과 정력을 바쳐 사랑할 만한 가치가 있는 하나님의 자녀로 보기를 요구하신다. 하나님 안에서 한 가족인 우리는 누구를 사랑할 것인가가 아닌 오직 사랑하는 일을 선택할 뿐이다.

사랑하기 위해서는 공동체가 필요하다. 우리가 혼자 고립된 상태에서는 주님이 내리신 사랑의 명령에 순종할 수 없다. 서로 사랑하기 위해서는 서로간의 관계를 형성시키는 공동체가 필요하다. 그러나 공동체 안에서 알게 될 모든 사람과 쉽게 잘 지내고, 서로 만족할 수 있는 절충안을 통해 어떠한 갈등도 해결할 수 있다는 환상은 버려야 한다.

하나님께서는 우리 모두를 다르게 만드셨다. 그분은 우리가 다른 생각과 필요를 가지고 공동체에 참여한다는 것을 아신다. 사람들이 모인 곳에서는 얼마든지 상처 입은 자, 중독자, 마음이 상한 자 등에 의해 갈등이 발생한다. 그러나 하나님의 계획은 그런 갈등들을 잘 극복하고 승화시킴으로써 그리스도 안에서 우리가 성장하는 것이다.

사랑은 높은 기준을 가지고 있다. 예수님은 하나님께서 우리에게 하신 것처럼 우리도 다른 사람들에게 그와 같이 하라고 말씀하신다. 그리스도의 사랑은 이기적이지 않고 희생적이며, 아버지의 뜻에 순종하는 사랑이다. 그리스도의 사랑은 그들이 저지른 과거의 잘못을 돌아볼 때 도저히 사랑받을 수 없는 사람들을 향한 것이며, 그들이 간절히 원하는 필요를 채워 주는 사랑이다.

그리스도가 우리에게 요구하시는 수준은 너무 높아서 우리 스스로의 힘으로는 도저히 도달할 수가 없다. 오직 갈라디아서 2장 20절의 말씀을 충실히 적용할 때만 가능하다. 여기서 '산다'는 표현 대신 '사랑'이라는 단어를 넣어 보자.

> "이제는 내가 사랑한 것이 아니요 오직 내 안에 그리스도께서 사랑하시는 것이라 이제 내가 육체 가운데 사랑하는 것은 나를 사랑하사 나를 위하여 자기 자신을 버리신 하나님의 아들을 믿는 믿음 안에서 사랑하는 것이라."

목적이 이끄는 삶을 사는 성도로서 우리는 할 수 있는 만큼만 사랑해서는 안 된다. 또한 사랑받을 만한 사람만 사랑해서도 안 된다. 진정한 사랑을 위한 기준은 하나님이시다. "하나님이 우리를 사랑하사 우리 죄를 속하기 위하여 화목 제물로 그 아들을 보내셨음이라…하나님이 이같이 우리를 사랑하셨은즉 우리도 서로 사랑하는 것이 마땅하도다"(요일 4:10-11). 우리의 삶에서 별로 마음에 들지 않는 사람이 있다 하더라도 우리는 그리스도의 자기희생적인 사랑을 보여 줄 수 있어야 한다.

사랑의 본질

내 주변에 있는 지체들은 모두 하나님께 중요한 사람들이므로 나에게도 똑같이 중요하다. 하나님을 사랑한다고 하면서 다른 지체들을 사랑하지 않는다면 그것은 마치 "나는 당신을 사랑하지만 당신의 아내는 사랑하지 않는다"고 말하는 것과 같다.

성경은 이렇게 말한다. "사랑하는 자마다 하나님으로부터 나서 하나님을 알고 사랑하지 아니하는 자는 하나님을 알지 못하나니 이는 하나님은 사랑이심이라"(요일 4:7-8). 교회에서 바로 옆 좌석에 앉아 함께 예배드리는 지체도 사랑하지 못하면서 어떻게 우리가 하늘에 계신 하나님을 사랑한다고 말할 수 있겠는가?

사랑의 본질은 다른 사람을 어떻게 배려하고 그들을 위해 무엇을 행할 것인가가 아니라 우리 자신을 얼마나 주는가 하는 것이다. "그리스도께서 너희를 사랑하신 것같이 너희도 사랑 가운데서 행하라 그는 우리를 위하여 자신을 버리사 향기로운 제물과 희생 제물로 하나님께 드리셨느니라"(엡 5:2). 사랑은 교회와 지체들의 필요를 채우기 위해 자신의 필요를 포기하는 것이다. 서로 사랑한다는 것은 나의 안락, 목표, 안전, 물질, 에너지, 또는 시간을 다른 누군가의 유익을 위해 양보하는 것을 의미한다.

하나님을 사랑한다면 그분이 우리를 바라보시는 시각으로 다른 사람을 바라보아야 한다. 다시 말해, 다른 사람을 외모로 판단하는 것을 멈추고 영적인 눈으로 바라보라는 것이다(고후 5:16). 요한복음 4장에서 우물가의 여인을 바라보시는 그리스도의 시각을 가질 때 우리도 영적인 눈을 가질 수 있다. 우물가의 여인은 오랫동안 죄를 지으며 살았다. 그녀의 동족들조차도 그녀의 방탕했던 생활로 인해 그녀를 멀리하고 외면했다. 유대인들은 사마리아인이라는 이유로 그녀와 상종조차 하지 않았다. 그들은 단순히 외형적인 모습만으로 그녀를 판단했다. 그러나 예수님은 그녀의 진정한 가치와 간절한 필요를 보셨고 영원히 목마르지 않는 물로 그녀를 채워 주셨다.

하나님을 사랑한다면 단순히 하나님의 말씀을 듣기만 하는 자가 아니라 실천하는 자가 되어야 한다. "누구든지 말씀을 듣고 행하지 아니하면 그는 거울로 자기의 생긴 얼굴을 보는 사람과 같아서 제 자신을 보고 가서 그 모습이 어떠했는지를 곧 잊어버리거니와"(약 1:23-24). 사실 하나님의 사랑을 제대로 이해하지 못한 채 성경공부만 열심히 할 수도 있다(요 5:39-40). 그러나 주변 사람들을 위해 아무 일도 하지 않으면서 30년 동안 성경말씀만 열심히 들으면서 하나님을 사랑한다고 당당히 말할 수 있는가? 성경은 이렇게 말한다. "그를 아노라 하고 그의 계명을 지키지 아니하는 자는 거짓말하는 자요 진리가 그 속에 있지 아니하되 누구든지 그의 말씀을 지키는 자는 하나님의 사랑이 참으로 그 속에서 온전하게 되었나니 이로써 우리가 그의 안에 있는 줄을 아노라 그의 안에 산다고 하는 자는 그가 행하시는 대로 자기도 행할지니라"(요일 2:4-6).

성경은 우리에게 기회가 있을 때마다 사랑하고 모든 기회를 사랑하는 데 사용하라고 말한다(갈 6:10). 하나님께서 우리로 하여금 이런 기회가 생길 때마다 사랑을 나타내라고 계속해서 사람을 보내 주신다는 사실을 알고 있는가? 눈을 크게 뜨고 하나님께서 우리의 삶에 부여하신 기회를 찾기 시작한다면 바로 오늘이 우리 삶의 새로운 출발점이 될 것이다.

성경은 지금 이웃에게 도움을 줄 수 있다면 절대 내일까지 기다리라 하지 말라고 가르친다(잠 3:27). 왜 지금이 사랑을 표현하기에 가장 좋은 때인가? 그것은 앞으로 사랑을 표현할 수 있는 기회가 얼마나 있을지 알 수 없기 때문이다. 상황은 변한다. 사람은 죽고 아이들은 자란다. 언제나 내일이 있다고 아무도 장담하지 못한다. 그러므로 만약 사랑을 표현하고 싶다면 지금 당장 해야 한다. 언젠가는 하나님 앞에 설 것이라는 사실을 염두에 두고 다음의 질문들을 생각해 보아야 할 것이다.

- 사람보다 일이나 물건을 더 중요하게 여겼던 순간들이 있었는가?
- 좀 더 많은 시간을 함께 보내야 할 사람은 누구인가?
- 그 일을 위해 하루 일과 중 줄여야 할 것은 무엇인가?
- 어떤 희생을 치러야 하는가?

구원받은 자의 열매

다른 지체를 향한 사랑은 하나님과의 교제를 통해 얻는 열매이다. 그러나 이로써 우리와 하나님과의 관계가 확립되는 것은 아니다. "너희는 그 은혜에 의하여 믿음으로 말미암아 구원을 받았으니 이것은 너희에게서 난 것이 아니요 하나님의 선물이라 행위에서 난 것이 아니니 이는 누구든지 자랑하지 못하게 함이라"(엡 2:8-9). 우리는 하나님의 자녀가 되므로 사망에서 생명으로 옮겨졌다. 그러므로 하나님의 자녀가 된 우리는 선택적인 사랑이 아닌 무조건적인 사랑을 해야 한다. "하나님으로부터 나서 하나님을 아는"(요일 4:7) 자는 조건 없는 사랑을 하는 사람이다. 우리가 그리스도를 본받는 사랑을 하지 않는다면 하나님 가족의 일원이라 말할 자격이 없다(요일 3:10).

한번 생각해 보라. 다른 사람을 사랑하지 않고 자신의 필요에만 관심을 가지고 살면서 삶 가운데 그리스도가 진실로 거한다고 말할 수 있겠는가? 하나님으로 인해 변화되었다면 사랑하는 마음을 소유해야 한다. 만일 구원에 대한 확신이 없다면 가장 먼저 스스로에게 물어 보아야 할 것은 '나는 다른 지체들을 사랑하고 있는가?'이다. 삶의 열매가 없다면 가장 근본적인 것부터 점검해 보아야 한다.

정확히 언제 하나님을 믿고 예수님을 구주로 영접함으로써 마음이 변화되고 구원을 받았는지 곰곰이 자신을 돌아보라. 만약 이에 대답할 수 없다면, 지금 이 시간 자신을 향해 다음과 같은 질문을 해보아야 한다.

- 나는 누구를 위해 살 것인가? 나 자신을 위해 살 것인가? 하나님을 위해 살 것인가?
- 과연 예수님이 원하시는 수준만큼 다른 사람을 사랑할 수 있을까?
- 하나님을 위해 살 수 있는 능력을 가질 수 있을까?

이러한 의심 속에서 망설임이 생길지 모른다. 그러나 걱정하지 말라. 한 번 하나님의 가족이 되어 하나님을 위해 살기로 결단하기만 하면 하나님께서 필요한 모든 것을 주실 것이다. 하나님은 그분을 기쁘게 하는 삶을 살아가는 데 필요한 모든 것을 우리에게 주셨다. 이 모든 것은 우리를 불러 주신 하나님을 인격적으로 깊이 알 때에 받게 되는 것이다(벧후 1:3). 예수님처럼 사랑하는 법을 배우기 위해서는 가장 먼저 자기 자신을 완전히 예수님께 헌신해야 한다. 성경은 다음과 같이 약속하고 있다. "영접하는 자 곧 그 이름을 믿는 자들에게는 하나님의 자녀가 되는 권세를 주셨으니"(요 1:12). 그렇다면 이런 하나님의 제안을 받아들이기 위해 우리는 무엇을 해야 할까?

첫째, 믿어야 한다

하나님이 우리를 사랑하시고 창조하신 목적이 있다는 사실을 믿어야 한다. 우리는 우연히 만들어진 존재가 아니며 영원히 살도록 지음 받았다. 예수 그리스도와 교제할 수 있도록 하나님이 우리를 선택하셨다는 것을 믿으라. 예수 그리스도가 우리를 위해 십자가에 달려 돌아가시고 하나님께서 그를 죽은 자 가운데서 다시 살리신 것을 마음으로 믿으라(롬 10:9). 우리가 과거에 어떤 죄를 지었건 상관하지 않으시고 하나님은 우리를 용서하기 원하신다는 사실을 믿으라.

둘째, 영접해야 한다

예수 그리스도를 우리의 주님과 구세주로 영접해야 한다. 우리의 죄에 대한 그분의 용서하심을 받아들이라. 성경은 다음과 같이 말하고 있다. "아들을 믿는 자에게는 영생이 있고 아들에게 순종하지 아니하는 자는 영생을 보지 못하고 도리어 하나님의 진노가 그 위에 머물러 있느니라"(요 3:36). 지금 내가 어디에 있든 간에 고개를 숙이고 조용히 다음과 같이 기도하라.

"예수님, 나는 당신을 나의 구세주로 믿고 영접합니다."

그러면 성령이 우리의 삶에 임하시고 하나님이 요구하시는 만큼 다른 사람을 사랑할 수 있는 능력을 주실 것이다.

참으로 신실하게 그리스도를 구세주로 영접하는 기도를 드렸다면 하나님의 자녀가 된 것이나 다름없다. 이제 삶을 위한 하나님의 목적을 발견하고 그것을 위해 살 준비가 되었다. 이제 교회의 지체들과 자신의 결단을 나누라. 그러면 그들이 함께 축하하고 기도하며 성숙한 그리스도인으로 자랄 수 있도록 도울 것이다.

믿음을 가진 지 오래되었음에도 그동안 다른 지체들을 사랑하지 못했을 수도 있다. 하지만 염려하지 말라. 하나님이 사랑할 수 있는 능력을 키워 주실 것이다. 이 책을 묵상하면서 하나님께서 중요하게 생각하는 것이 "사랑으로써 역사하는 믿음뿐"(갈 5:6)임을 알게 될 것이다.

영적 가족 안에서의 사랑

앞에서 우리는 모든 성도는 "똑같은 하나님의 가족"(엡 2:19, LB)이라는 것을 배웠다. 이 말은 교회가 단순히 출석만 하는 곳이 아니라 하나님의 백성이 된 한 가족 형태에 소속이 되는 곳임을 의미한다. 교회는 기관이나 조직 그 이상이다. 서로 뜻이 맞는 사람들이 모인 단체는 더더욱 아니다.

우리는 하나님의 사랑의 불로 연마된 한 가족이다. 그러므로 자신의 가족을 사랑하듯이 서로 뜨겁게 사랑해야 한다. 우리는 형제자매를 사랑하듯 서로 우애하고 존경하며 사랑해야 한다. 하나님 안에서 한 가족이라는 지체 의식이 진정한 기독교 공동체를 만든다. 이곳에서 우리는 서로 용납하고 도우며 우리 삶의 목적을 따라 온전한 삶을 살도록 도전받는다. 우리는 서로 지체이다. 그러므로 다른 사람들이 우리와 지체임을 믿을 수 있도록 그들을 도와야 한다.

가족이란 말은 곧 아무리 힘들고 어렵더라도 서로 돕고 격려하기로 결단하고 헌신하는 것을 의미한다. 우리는 다른 누군가를 위해서는 결코 하지 않을 일을 가족을 위해서는 기꺼이 한다. 그리고 다른 누군가에 대해서는 절대 용납하지 않을 일도 가족에게는 용납한다.

사실 많은 사람들이 가족에 대한 이런 이미지를 잘 떠올리지 못한다. 왜냐하면 이렇게 따뜻하고 건강한 가족 공동체에 속해 보지 못했기 때문이다. 우리는 깨어진 가정, 파괴된 관계, 그리고 상처 주는 마음들을 자주 보아 왔다. 그러나 기쁜 소식이 있다. 우리가 가족 공동체 안에서 얻기를 갈망하는 바로 그것들을 하나님께서 주시기를 원한다는 것이다. 하나님께서는 기독교 공동체를 통해서 그 일을 가능케 하신다.

우리가 서로 사랑하는 것을 배울 때, 교회의 소그룹 안에서 서로 신뢰하고 서로 용납하고 서로 봉사할 수 있는 가족 의식이 생겨나며, 무조건적인 사랑의 힘을 배운다. 그런 의미에서 교회 모임은 서로 힘을 다해 뜨겁게 사랑하는 법을 배우기 위한 성령이 인도하시는 실험실이라 할 수 있다.

그렇다면 영적 가족 안에서 어떤 사랑하는 법을 배울 수 있을까?

첫째, 건강한 관계를 발전시키는 법을 배운다

육적인 가정 안에서 우리는 어쩌면 건강하지 못한 방법으로 관계를 형성하는 법을 배웠을지 모른다. 그러나 성도가 모인 공동체 안에서 우리는 건강한 관계의 모델들을 볼 수 있다. 건강한 관계를 만들기 위해서는 서로에게 정직하고, 서로 아픔을 감수하고, 서로 노력하고, 서로 용서해야 한다.

둘째, 하나님의 성품을 닮아 가는 법을 배운다

성품은 깨달아서 되는 것이 아니라 몸에 배어서 저절로 우러나오는 것이다. 공동체 안에서 우리는 다른 사람들의 성품의 특징들을 가까이에서 접할 수 있다. 본이 될 만한 성숙한 성품도 보게 될 것이고 모든 것이 여과 없이 드러나는 미성숙한 성품도 보게 될 것이다. 그리고 우리 자신도 성숙한 성품으로 본을 보이거나 또는 미성숙한 성품을 드러내게 될 것이다. 그러면서 우리는 서로의 좋은 점들을 배우며 함께 성장하게 된다.

셋째, 성경적 가치관의 중요성을 배운다

우리는 모두 의도하던 의도하지 않던 간에 나름대로의 가치관을 선택해 왔다. 그 중 어떤 것은 옳고 어떤 것은 잘못된 것일 수 있다. 우리는 그런 모든 가치관들을 소그룹 형태의 가족 공동체 안에서 성숙한 기독교 신앙과 성경적인 기준에 비추어 평가할 수 있다. "주의 신실을 아버지가 그의 자녀에게 알게 하리이다"(사 38:19).

모본이 될 만한 건강한 가족 관계를 가정이나 교회에서 이미 경험한 사람은 행복한 사람이다. 그러나 많은 사람들이 조금씩 불안정한 가정환경 속에서 상처를 입으며 살아간다. 그런 점에서 우리는 성경을 통해 과거에서 벗어날 수 있는 기회를 갖고, 따뜻한 가족 공동체에 소속됨과 동시에, 건강한 관계, 하나님을 닮은 성품, 그리고 성경적 가치관을 발전시키는 일을 새롭게 시작할 수 있게 된다.

이는 또한 육적 유산을 변화시킬 영적 유산을 선택할 수 있는 기회이기도 하다. 이 기회를 절대 놓치지 말라. 형제자매들과 함께 거하면서 서로 뜨겁게 사랑하는 법을 배우라.

우리의 삶은 영원한 사랑을 위한 연습의 장

하나님께서는 그분이 우리를 사랑하시는 것처럼 우리가 서로 사랑하는 법을 배우도록 우리의 삶을 계획하셨다. 우리는 지금 인생이라는 쉽지 않은 훈련 과정 가운데 있다. 인생을 살면서 아픔과 고난을 겪기도 하고, 기쁨과 평안을 누리기도 하며, 반대에 직면하거나 협조를 얻기도 한다. 하나님께서는 인생 중에 직면하는 이런 모든 일들을 사용하셔서 우리를 전심으로 깊이 사랑하는 사람들로 변화시키신다.

하나님께서는 삶을 통해 우리가 서로 사랑하는 법을 배우기를 원하신다. 이는 우리가 하나님을 본받는 자가 되기를 원하시기 때문이다. 하나님은 사랑이시다.

> "사랑하지 아니하는 자는 하나님을 알지 못하나니 이는 하나님은 사랑이심이라"(요일 4:8).

하나님께서는 우리가 자기중심적인 삶을 청산하고 타인 중심적인 삶을 살기를 원하신다. 타인 중심적인 삶이란 다른 사람의 필요를 나의 필요보다 먼저 생각하는 것이다.

우리가 인생에서 배우는 이러한 사랑은 결코 소멸하지 않을 것이다. 성경은 "예언도 폐하고 방언도 그치고 지식도 폐하리라"(고전 13:8)고 말한다. 그러나 우리가 지금 배우는 사랑은 영원하다.

이 땅에서의 삶은 영원한 사랑을 위한 연습이다. 마치 정규 시즌을 앞둔 프로 야구팀들이 춘계 훈련을 하듯이 천국에서 벌어질 사랑의 정규 시즌에 대비해 우리는 이 땅에서 서로 사랑하는 것을 연습하고 사랑의 기술을 강화하고 있는 것이다.

하나님의 목적은 때가 되면 땅에 있든지 하늘에 있든지 우리가 모두 그리스도 안에서 영원히 하나 되게 하려는 것이다. 의심할 여지없이 우리는 천국에서 우리의 사랑이 어떻게 영생의 세계로 흘러 들어갔는지를 보고 놀라게 될 것이다.

우리는 지금 당장 사랑해야 한다. 삶이 지속되는 한 다른 사람 사랑하기를 끝까지 멈추지 말 것을 나는 간절히 원한다. 사랑하는 법을 배우는 일을 지체해서는 안 된다. 오늘이 이 땅에서의 마지막 날이 될 수도 있기 때문이다.

영생을 준비하며 살아가는 이 땅에서의 우리의 삶은 순식간에 끝나버리며 사랑을 표현할 기회는 금방 사라져버린다. 주어진 기회를 당연한 것으로 생각해서는 안 된다. 언젠가 이 땅에서 사랑하는 법을 배우는 일이 끝나면 우리는 천국에서 영원한 사랑을 하게 될 것이다.

살아 있는 한 우리는 '끝까지 사랑해야' 한다. 사랑은 한 번 배우고 나서 그냥 방치해 두는 것이 아니다. '하나님의 사랑을 온전히 알고 깨달을' 때까지 평생 동안 사랑을 배워야 한다. "하나님 안에 거하고 하나님도 그의 안에 거하시는"(요일 4:16) 삶을 살기 위해 우리는 사랑해야만 한다.

하늘의 상급을 기대하며 사랑하라. 끝까지 사랑하면 온전한 상급을 받을 것이다. 하늘나라에서 가장 큰 상급은 사랑을 위해 존재한다. 가장 많이 사랑한 자가 가장 많은 상급을 받을 것이다. 또한 우리가 사랑한 사람들 가운데서 우리의 가장 큰 상급을 발견하게 될 것이다.

세상이 지켜보는 사랑

예수님은 우리가 서로 얼마나 사랑하는가를 통해 우리 믿음의 진실성을 판단할 수 있는 심판권을 세상 사람들에게 주셨다. 그리스도를 향한 우리의 믿음은 우리가 지키는 율법에 의해서가 아니라 우리가 행하는 사랑에 의해 증명된다. 예수님은 "나를 사랑하면 너희가 내 제자인 줄 알리라"고 말씀하시지 않았다. 예수님은 "서로 사랑하라. 그리하면 모든 사람이 너희가 내 제자인 줄 알리라"고 말씀하셨다. 우리가 서로 사랑해야 하나님의 사랑이 구체적이고 분명하게 드러난다. 또한 그것이 우리의 삶이 능력 있는 삶으로 변화되었음을 세상에 알리는 증거가 된다.

그리스도를 위해 지역 사회 공동체에 다가가는 최선의 방법은 서로 사랑하는 것이다. 사람들을 하나님의 나라로 인도하기를 사모한다면 우리는 먼저 다른 지체를 사랑하는 일부터 시작해야 한다. 기독교 공동체 안에서조차 본이 될 만한 하나님의 사랑을 보지 못한다면 세상 사람들은 하나님의 사랑을 믿기 어려워할 것이다. 우리가 진정으로 서로 사랑할 때 세상 사람들은 구체적이고 분명한 하나님의 사랑을 볼 것이며 그들은 거부할 수 없는 하나님의 사랑에 사로잡힐 것이다.

세상 사람들은 우리를 관찰할 때 "마음을 같이하여 같은 사랑을 가지고 뜻을 합하는"(빌 2:2)가를 본다. 그러므로 우리는 우리 자신의 일만 돌아보지 말고 다른 사람의 일도 돌아보아야 한다(빌 2:3-4). 세상 사람들은 사랑과 공동체 의식에 목말라한다. 그러므로 우리는 '세상의 소금'(마 5:13)이 되어 생명의 '생수'(요 4:10)에 대해 그들이 더욱 갈증을 느끼도록 만들어야 한다. "나를 믿는 자는 성경에 이름과 같이 그 배에서 생수의 강이 흘러나오리라 하시니"(요 7:38).

우리가 서로 사랑하면 세상 사람들은 우리가 하나님 아버지와 하나인 것과 기독교 공동체는 동일한 삶의 목적을 필요로 한다는 것을 알게 된다. 예수님은 하나님 아버지께 다음과 같이 말씀하셨다. "아버지께서 내 안에, 내가 아버지 안에 있는 것같이 그들도 다 하나가 되어 우리 안에 있게 하사 세상으로 아버지께서 나를 보내신 것을 믿게 하옵소서"(요 17:21).

이 말씀은 교회의 영향력이 교인 수나 건물 크기, 그리고 프로그램 등에 의해 좌우되는 것이 아님을 의미한다. 세상 속에서 교회의 영향력은 우리가 서로 사랑하느냐에 달려 있다. 서로를 향한 사랑을 통해 우리는 세상 사람들에게 하나님을 선포하게 된다. 세상 사람들이 하나님에 대해 긍정적인 생각을 갖느냐 부정적인 생각을 갖느냐는 우리의 행동에 달려 있다. 한 가지 분명한 것은 세상 사람들이 하나님에 대해 갖게 되는 생각은 종종 우리 개개인에 대한 삶의 평판에 달려 있다는 것이다. 우리의 삶은 세상 사람들이 예수님의 모습을 보게 되는 유일한 통로일 수 있다. 또한 하나님에 대한 세상 사람들의 생각은 교회의 평판에 따라 달라진다. 우리가 어떻게 살고, 어떻게 서로 돕고, 어떻게 서로 비판하고, 어떻게 서로 사랑하느냐에 따라 하나님에 대한 그들의 생각은 달라진다.

놀랍게도, 세상 사람들의 눈에 비친 그리스도인은 무언가에 찬성하기보다는 반대하고, 이것도 저것도 하지 말아야 한다고 말하는 부정적이고 엄격한 사람들이다. 그리스도의 사랑은 너무나도 '넓고 크고 높고 깊어서' 우리는 결코 측량할 수가 없다(엡 3:18-19). 하나 된 공동체는 예수 그리스도의 사랑에 대한 믿음을 반영해야 한다. 교회 소그룹은 세상의 어둠 속에서 사랑의 빛을 비추는 등대가 되어야 한다. 우리는 우리의 빛을 사람들에게 비추어서 그들이 우리의 선한 행동을 보고 하늘에 계신 우리 아버지께 영광을 돌리게 해야 한다(마 5:16).

세상 사람들은 예수 그리스도의 복음이 참된 진리인지를 알기 원한다. 요한복음 13장 35절은 우리가 서로 사랑하면 세상 사람이 우리가 그리스도의 제자임을 알게 될 것이라고 했다. 사람들은 우리의 말보다는 우리가 서로 사랑하는 모습을 통해 감동을 받는다. 우리가 서로 사랑하는 행위 자체가 세상 사람들을 향해 하나님의 사랑을 크게 외치는 일이다. 지금 우리가 외치는 사랑의 소리는 얼마나 크게 울리고 있는가?

◈ 더불어 삶을 사는 자의 자기 점검 ◈

1. 내 삶에서 별로 마음에 들지 않는 사람에게 그리스도의 자기희생적인 사랑을 보여 주려면 어떻게 해야 하겠는가?

2. 만약 '다른 사람을 얼마나 사랑했는가?' 하는 것이 내 믿음의 유일한 증거가 된다면 나의 믿음은 심판대 앞에서 어떤 판결을 받겠는가?

3. 나는 삶 속에서 하나님의 사랑을 얼마나 잘 실천하고 있는가? 내가 속한 공동체는 하나님의 사랑에 대해 얼마나 잘 증거하고 있는가?

2장
더불어 삶은 그의 운명에 관심을 갖는 것

서로 마음을 같이하며 높은 데 마음을 두지 말고 도리어 낮은 데 처하며
스스로 지혜 있는 체 하지 말라 로마서 12장 16절

믿지 않는 사람들과 관계를 맺게 될 때 우리는 비로소 복음을 전할 수 있는 기회를 얻게 된다. 여기서 가장 유의해야 할 점은, 사람들이 정말로 중요하게 생각하는 것은 우리가 그들을 얼마나 많이 알고 있는가 하는 것이 아니라, 그들에게 얼마나 많은 관심을 가지고 있는가이다.

그를 살리겠다는 결심

내가 만약 에이즈의 치료법을 알고 있다면 나는 수많은 사람들에게 이 사실을 알리고 싶을 것이다. 하지만 내가 치료법을 알고 있으면서도 숨긴 채 그냥 넘어가 버린다면 나는 사람들을 사랑한다고 말할 수 없다. 얼마 전 한 뉴스에서는 아직 미완성임에도 불구하고 사람의 수명을 20여 년 연장할 수 있다는 신약 개발을 보도했다. 그들은 어서 빨리 사람들에게 이 약을 알리고 싶어 했다. 그런데 내가 인간의 수명을 50년이나 연장할 수 있는 비결을 알고 있다면 어떻게 할까? 아니, 사실 나는 50년이 아니라 예수 믿는 자로서 영원한 생명의 길을 알고 있다. 그렇기 때문에 나는 영원을 좌우하는 이 귀한 소식을 세상 사람들에게 서둘러 전하기를 원한다. 그들을 사랑하는 나는 선택의 여지가 없다.

나는 어떻게 하면 주변 사람들에게 그리스도를 전할지 고민한다. 친구나 이웃들, 그리고 직장 동료들과 복음을 나눌 수 있는 가장 좋은 방법을 늘 생각한다. 이때 가장 먼저 생각해야 할 것은 무턱대고 달려들어서는 안 된다는 것이다. 그 첫걸음은 먼저 예수 믿지 않는 주변 사람들의 영원한 운명에 관심을 가지겠다는 결심에서 시작된다. 이런 결심이 수반되지 않는다면 그들을 예수님께로 인도하기 위해 애써 시간을 투자하거나 기도하지 않게 된다. 주변 사람에게 예수를 알려서 살리기보다는 그냥 죽도록 내버려 두는 게 훨씬 쉽기 때문이다.

사도 바울은 믿지 않는 사람들에게 예수를 전하는 데 탁월한 재능을 가진 사람이었다. 그는 하나님이 가장 많은 관심을 가지고 있는 것에 관심을 기울였다. 그것은 바로 사람들이었다! 디모데후서 2장 10절에서 바울은 아직 하나님의 가족이 되지 못한 사람들을 향한 자신의 사랑이 얼마나 깊은지를 말했다. "그러므로 내가 택하신 자를 위하여 모든 것을 참음은 저희로도 그리스도 예수 안에 있는 구원을 영원한 영광과 함께 얻게 하려 함이로라."

또한 바울은 골로새서 4장 5-6절에서 불신자들을 계획성 있게 주님께로 인도할 수 있는 네 가지 방법을 제시하고 있다.

첫째, 믿지 않는 사람을 만날 때 지혜롭게 행동하라

우리가 말하고 행동하는 모든 것이 예수 그리스도에 대해 긍정적인 증거, 또는 부정적인 증거가 될 수 있음을 명심하라. 믿지 않는 사람들은 상대방이 그리스도인이라는 것을 알면 면밀히 그를 살핀다. 그들은 믿는 자들이 어떻게 행동하는지를 보고 싶어 한다. 실망스럽거나 짜증스러운 일이 생길 때, 일이 계획대로 잘 진행되지 않고 지연될 때, 특별히 인간관계에 문제가 생겼을 때 믿는 자들이 어떻게 대처해 나가는지 보고 싶어 한다. 그렇다면 우리는 이러한 상황에 처했을 때 어떤 반응들을 보이는가. 나를 실망시키는 사람들에 대해 관대한가, 아니면 비판적인가? 내 마음을 상하게 하는 사람에게 너그러운가, 아니면 화를 내는가? 나의 계획이 좌절되었을 때 다른 사람에게 무례하고 불손하게 행동하는가, 아니면 공손한 태도를 보이고 인내하는가? 가만히 나의 삶과 행동을 돌아보다 보면 내가 무심코 행한 일들이 세상을 향해 예수 그리스도를 증거하는 일이 되기도 하고 때로는 그 반대가 되기도 함을 깨닫게 된다.

둘째, 모든 기회를 활용하라

이를 위해서는 우리의 삶 속에서 역사하시는 예수 그리스도의 사랑과 은혜를 나눌 수 있도록 하나님께서 날마다 주시는 기회들을 볼 수 있게 해달라고 기도해야 한다. "주님께서 하셨던 것처럼 나도 사람들을 사랑하고 돌볼 수 있도록 도와주소서"라는 기도로 하루를 시작해야 한다. 그리고 복음서를 통해 예수님이 사람들에게 어떻게 영향을 미치셨는지를 공부하고, 계속해서 그리스도와 교제하는 생활이 필요하다. 매일 그리스도와 대화를 나누다 보면 주변 사람들의 영적 필요에 대해 더욱 민감해질 것이다.

셋째, 항상 친절하고 상냥하게 말하라

진리를 아는 사람은 이를 전하며 나누고 싶어 하기 마련이다. 논쟁을 통해서는 결코 사람들을 하나님의 가족이 되게 할 수 없다. 그들은 사랑을 느낄 때 하나님께 이끌리게 된다. 그러므로 따뜻하고 정중한 태도를 취하는 것이 중요하다.

넷째, 누구에게든 합당하게 대답을 할 수 있도록 준비하라

이를 위해서는 철저한 준비와 계획이 필요하다. 그러나 그 전에 먼저 해야 할 일이 있다. 그것은 우리의 삶 가운데 하나님께서 보내 주신 사람들을 사랑하고 그들과 복음을 나누겠다는 결심이다.

한 사람보다 둘, 둘보다 셋

어떤 일이든 협력할 때 더욱 능력이 발휘된다. 복음을 전할 때도 협력하여 함께하면 더욱 큰 힘을 발휘할 수 있다. 누군가의 운명을 바꾸는 것은 혼자보다는 함께하는 것이 더 효과적이기 때문이다. 내가 혼자 일한다고 생각할 때조차도 사실은 혼자서 하는 것이 아니다. 우리가 누군가를 그리스도에게로 인도할 수 있었던 것은 성령께서 먼저 그 사람의 삶 속에 역사하셨기 때문이다. 또한 다른 누군가도 직접적이든 간접적이든 그 사람에게 영향을 끼쳤을 것이다. 사도 바울은 다음과 같이 기록했다. "나는 심었고 아볼로는 물을 주었으되 오직 하나님께서 자라나게 하셨나니"(고전 3:6).

우리는 '하나님의 동역자'(고전 3:9)로 함께 일해야 한다. '두 사람이 한 사람보다 낫기'(전 4:9) 때문이다. 우리가 협력해야 하는 이유는 믿지 않는 친구들과 가족들을 그리스도께로 인도할 수 있다는 데 있다. 중풍에 걸린 사람을 네 명의 친구가 협력하여 예수님께로 데려온 것처럼 우리도 서로 힘을 합하고 격려하면서 우리의 친구들을 주님 앞으로 데리고 나와야 한다.

누군가를 예수님께로 인도하는 것이 어렵고 부담되어 아직까지 한 번도 그 기쁨과 특권을 누려보지 못한 사람이 있을 수 있다. 그런 사람은 팀의 일원이 되어 누군가 다른 사람을 예수께로 인도하는 것을 도움으로써 삶의 중요한 전환점을 맞는다. 그러므로 혼자서 끙끙거리며 그 일을 감당할 필요는 없다. 하나님은 우리가 협력하여 일하기를 원하신다.

그렇다면 우리가 협력해서 해야 할 일들은 무엇일까? 우선 복음을 전하기 전에 함께 기도해야 한다. 사람들을 위해 기도하지 않고는 그들에게 관심을 가질 수 없다. 믿지 않는 친구들과 가족들을 위한 중요한 기도 제목으로는 다음의 네 가지가 있다.

첫째, 그리스도의 복음을 말할 기회를 달라고(골 4:3) **기도한다**

다른 사람들에게 예수 그리스도의 복음을 전하여 그들을 교회로 인도할 수 있는 문을 열어 달라고 하나님께 간구해야 한다. 의심하지 말고 기도하라. 하나님께서 반드시 응답해 주실 것이다.

둘째, 복음 전하려는 사람의 마음을 준비시켜 달라고 기도한다

하나님께서는 사람의 마음을 부드럽게 만드신다. 우리가 만약 누군가를 전도하다가 역경 가운데 처하게 되면 하나님은 그의 마음을 부드럽게 녹이시고 은혜의 단비를 내려 주실 것이다.

셋째, 마음에 감동을 달라고 기도한다

"하나님, 솔직히 저는 다른 사람들에게 별로 관심이 없습니다. 저는 저 자신에게만 관심이 있습니다. 저 자신의 계획들, 제가 우선적으로 해야 할 일들, 그리고 제 가족들에게만 관심이 있습니다"라고 기도해 보라. 그러면 하나님께서 우리의 마음을 다른 사람들을 향한 관심으로 가득 채워 주실 것이다. 다른 사람들을 향해 마음의 문이 열리도록 우리의 마음에 감동을 주실 것이다.

넷째, 예수님의 말씀이 초대교회 때와 같이 급속히 퍼져나가 사람들이 경건하게 받아들일 수 있도록(살후 3:1) 기도한다

나는 가끔씩 바비큐 파티, 영화 상영, 운동 경기 등에 사람들을 초대하는 다양하고 창의적인 방법들을 사용하곤 한다. 성경은 "외인에게 대해서는 지혜로 행하여 세월을 아끼라"(골 4:5)고 말했다. 즉, 믿지 않는 사람들을 만날 때 지혜롭게 행동하고, 복음 전할 수 있는 모든 기회를 최대한 활용하라는 의미다.

다섯째, 함께 모여 이렇게 기도한다

"하나님 아버지, 우리가 '예수님을 위해 한 사람이라도 더 얻기' 위한 도구가 되기를 원합니다. 예수를 알지 못하는 사람들을 향한 우리의 관심이 더 깊어지게 하시고 우리가 그들의 구원을 위해 계속해서 기도할 수 있는 힘과 은혜를 허락하여 주옵소서. 하나님께서 우리를 당신의 자녀로 삼기 위해 얼마나 큰 대가를 치르셨는지 잘 알고 있습니다. 또한 하나님의 사랑은 이 세상 모든 사람들을 향한 것이라는 사실도 알고 있습니다. 하나님의 사랑이 닿지 않는 곳에 있는 사람은 아무도 없습니다. 예수님의 이름으로 전도하러 나아갈 때 우리를 인도하여 주시고, 다양하고 창의적인 방법으로 전도할 수 있도록 지혜를 주시옵소서. 하나님 아버지, 믿음으로 간구합니다. 내년에는 우리가 하나님을 위해

20명의 사람들을 전도할 수 있게 해주옵소서. 예수님의 이름으로 기도합니다. 아멘."

마음을 열게 하는 초대

우리와 같은 그리스도인에게 대접은 선택이 아니라 명령이다(사 58:6-9; 눅 14:12-14). 하나님은 우리에게 대접하기를 힘쓰라고 명령하신다. 아브라함은 뜨거운 사막 길을 지나 자기 집으로 들어온 세 명의 방문객을 정성껏 대접했다(창 18장). 이처럼 손님을 정성껏 대접했던 아브라함을 본받아야 한다. 그래서 사도 바울은 손님 대접하는 일에 힘쓰라고 권고했다(롬 12:13).

대접하는 일이 호흡을 하듯 자연스러운 사람도 있지만 어떤 사람에게는 부단한 연습이 필요하다. 모든 사람들이 이에 대한 은사를 키워야만 하는 것이다(벧전 4:9). 예수 그리스도는 가난한 자, 포로 된 자, 눈먼 자, 억눌린 자들을 돌보고 섬기셨다(눅 4:18-19). 우리도 예수님처럼 어떤 형태로든 그들을 대접하고 돌보아야 한다. 하나님은 사람들을 대접하는 훌륭한 도구로 사용하도록 우리에게 집을 허락해 주셨다. 그리스도인의 집이 대접하는 도구로 사용될 때 놀라운 기적의 역사가 일어날 것이다. 그리스도인들이 자신의 가정을 개방하여 성경에서 말한 대로 대접하기를 힘쓴다면 우리 사회는 놀랍게 변화될 수 있는 것이다. 그리스도인 가정에서의 섬김은 이 사회를 영적, 도덕적, 정서적으로 회복시키는 데 결정적인 역할을 한다.

만약 각 교회에서 네다섯 가정만이라도 가난한 아이들을 사랑으로 돌보며 그들을 그리스도에게로 인도한다면 교회가 이 사회에 얼마나 큰 영향을 미치게 될까? 만약 어떤 큰 도시에 100개의 교회가 있는데 각 교회에서 네다섯 가정이 한 명의 어린아이를 돌본다고 가정한다면, 적어도 그 도시에 사는 400-500명의 어린아이들이 보살핌을 받을 수 있게 된다.

스스로 그리스도를 따르는 자라고 하는 사람들 중에는 대접하는 삶에 대한 기본적인 이해가 전혀 없는 사람들도 많다. 우리는 세상이 요구하는 삶의 틀에 맞추어 살아왔다. 자신의 삶을 즐기는 데만 관심이 있는 사람들은 자신의 아름다운 집과 멋있는 장식품, 그리고 훌륭한 요리를 자랑하기 좋아한다. 그러나 대접하기를 힘쓰는 사람은 "이 집은 나의 것이 아닙니다. 내 삶의 주인 되신 하나님께서 나에게 주신 선물입니다. 나는 단지 그분의 종일 뿐입니다. 그래서 나는 이 집을 나의 주인 되신 하나님께서 원하시는 대로 사용할 것입니다"라고 말한다. 대접하는 일은 과시하고 자랑하려는 것이 아니라 섬기기 위한 것이다.

자신의 삶을 즐기는 이들은 사람보다 물건을 우선시한다. 그들은 집수리가 끝나거나, 응접실 장식이 끝나거나, 집안 정리와 청소가 끝나기만 하면 사람들을 집으로 초대할 것이라고 말한다. 그러나 그런 핑계는 끊임없이 이어지고 사람들을 초대하기 전에 이런저런 물건들을 사기에만 바쁘다. 그리고 사람들을 초대해 놓고도 자신이 꾸민 집과 장식품들을 자랑하며 그 모든 것이 자신의 것이라고 말한다. 그러나 대접하는 자는 물건보다 사람을 우선시한다. 마땅한 의자가 없어 바닥에 앉아 식사를 하게 된들 그것이 무슨 문제가 되겠는가? 그들은 믿는 사람들과 모든 물건을 서로 통용하는(행 2:44) 사람들이다. 대접하는 자는 자존심을 내세우지 않고 인간적인 모습을 있는 그대로 드러내기를 두려워하지 않는다. 왜냐하면 잘못된 허례허식을 버릴 때 사람들이 긴장을 풀고 서로 친구가 될 수 있음을 알기 때문이다.

오늘날 교회는 이웃을 먼저 생각하고, 사랑을 나누고, 대접하기에 힘쓰는 곳으로 거듭나야 한다. 교회 안에 있는 가족들을 서로 섬기고 대접하지 않으면서 세계와 인류를 위해 봉사하고 섬긴다는 것은 위선이다. 지금 우리가 거주하는 집과 우리가 다니는 교회의 형편이 어떠하든지, 그것이 주님께서 허락하신 것이라면, 우리는 거리낌 없이 주변 이웃들을 우리의 집과 교회로 초대하여 대접해야 한다.

나는 이웃과 함께 삶을 나누고 대접하며 사는 그리스도인들이 너무도 적다는 사실을 생각하면 마음이 착잡해진다. 우리의 이웃들은 하나님께서 섬기라고 주신 유업이다. 그러나 이웃을 섬기고 그들에게 애써 자비를 베풀고자 하는 그리스도인들이 생각보다 적다. 또 많은 경우 교회의 모임과 봉사가 오히려 믿는 사람들끼리만 모인다는 느낌을 주고 이웃들에게 다가가기 어려운 그리스도인들로 비춰지기도 한다.

만약 그리스도인들이 협력하여 대접하기를 힘쓰기 시작한다면 우리는 이 사회를 구원하는 데 중요한 역할을 담당할 수 있을 것이다. 이 사회를 변화시키는 데 있어 하나님의 종으로 헌신한 그리스도인 가정보다 더 나은 곳도 없다. 우리가 가난한 자, 포로된 자, 눈먼 자, 억눌린 자들을 대접하면 할수록 이 무정한 세상에서 기독교 가정이야말로 함께 더불어 삶을 사는 기적의 장소라는 것을 더욱 절실히 깨닫게 될 것이다.

웹스터 영어 사전에서, "hospitable"(손님 대접을 잘하는)이라는 단어는 '여행자의 휴식처'라는 의미를 가진 'hospice'라는 단어와 '치료하는 곳'이라는 의미를 가진 'hospital'이라는 단어 중간에 위치해 있다. 이것은 진심으로 다른 사람들을 대접하려는 마음을 갖고 가정을 개방할 때, 우리가 그들에게 무엇을 제공해야 하는가를 말해 준다. 그것은 바로 '휴식처'와 '치유'이다.

마음으로 받아들이기

예수님은 우리가 가장 악할 때에도 변함없이 사랑하신다. 성경은 다음과 같이 증거한다.

> "우리가 아직 죄인 되었을 때에 그리스도께서 우리를 위하여 죽으심으로 하나님께서 우리에 대한 자기의 사랑을 확증하셨느니라"(롬 5:8).

하나님께서는 우리의 죄악 된 삶, 순수하지 못한 동기, 그리고 무례한 태도에도 불구하고 우리를 사랑으로 받아 주신다. 그러나 그렇다고 해서 하나님께서 어떠한 죄도 너그럽게 용납해 주신다고 생각하면 안 된다. 그분이 우리를 받아 주시는 것은 우리 모두가 하나님의 선한 목적을 위해 특별하게 지음 받은 하나님의 자녀이기 때문이다(엡 2:10).

우리가 서로 사랑하는 방법 중 하나는 예수님이 우리를 용납하신 것처럼 우리도 서로를 받아들이는 것이다. 이것은 하나님께 영광 돌리는 일이다. "그러므로 그리스도께서 우리를 받아 하나님께 영광을 돌리심과 같이 너희도 서로 받으라"(롬 15:7).

우리는 또한 믿지 않는 이들도 받아들여야 한다. 그들이 아직 죄인 되었을 때에 그리스도께서 그들을 위하여 죽으셨기 때문이다. 성경은 "밖에 있는 사람들을 판단하는 것이야 내게 무슨 상관이 있으리요마는"(고전 5:12)이라고 말했다. 이 말은 우리가 그들의 죄를 못 본 체해도 된다는 의미가 아니다. 그보다는 교회 밖에 있는 사람들에 대한 두려움과 편견을 버려야 한다는 의미이다. 교회 밖의 사람들이 우리처럼 되기 전에는 그들을 받아들일 수 없다고 생각하는 편협함을 버려야 한다.

예수님은 죄인들의 친구가 되는 것을 두려워하지 않으셨다(눅 19:7). 또한 사람들의 죄를 보기 전에 그들이 하나님의 목적에 따라 지음 받은 자들이라는 사실에 주목하셨다. 주님은 그들을 받아들이는 것이 그들의 죄를 용납하는 것은 아니라는 점을 아셨다. 뽕나무 위에서 예수님을 만난 세리 삭개오의 이야기(눅 19:1-10)는 예수님의 이러한 생각과 태도를 가장 잘 보여 준다. 예수님을 만난 삭개오의 이야기를 통해 우리는 예수님이 사람들을 용납하시는 특징에 대해 배울 수 있다.

첫째, 우리가 어디에 있든지 예수님은 우리를 만나 주신다

그러므로 우리도 믿지 않는 사람들이 어떤 삶의 환경에 처해 있든지 상관하지 않고 그들을 사랑으로 받아들여야 한다. 예수님이 그들을 사랑의 눈으로 보셨던 것처럼 우리도 그들을 사랑의 눈으로 바라보아야 한다. 예수님은 그들이 무엇을 했고, 무슨 말을 했으며, 무슨 생각을 했는지 모두 다 아신다. 그럼에도 불구하고 예수님은 그들을 사랑으로 받아 주신다.

가장 깊은 사랑의 표현 중 하나는 관심이다. 믿지 않는 사람들에게 하나님의 사랑을 보여 주려면 그들과 함께 시간을 보내야 한다. 주변의 많은 사람들은 누군가로부터 관심받기를 원하고, 또한 누군가로부터 시간의 선물을 받기 갈망한다. 그러므로 우리는 그들이 하나님의 목적에 따라, 하나님의 목적을 위해 창조된 귀한 존재들이라는 사실을 알려 주어야 한다.

둘째, 다른 사람들이 우리를 뭐라 부르든, 예수님은 우리의 이름을 아시고 부르신다

모든 사람들이 삭개오를 죄인이라 부르며 천시했으나 예수님은 그의 이름을 부르시며 따뜻한 마음으로 그에게 다가가셨다. 그리고 예수님의 따뜻한 사랑의 마음이 삭개오의 마음을 변화시켰다. 예수님은 우리도 주님이 하셨던 것처럼 똑같이 하기를 원하신다. 우리가 잃어버린 자들에게 주님의 사랑으로 나아가서 그들을 받아들이기 원하신다. 주님의 따뜻한 시선으로 그들을 바라보기 원하신다. 진정한 사랑과 우정을 통해 그들을 하나님의 나라로 인도하기 원하신다.

셋째, 과거에 어떤 삶을 살았건 예수님은 우리를 받아 주신다

예수님과 교제할 수 있는 전제 조건으로 우리의 선한 행위가 요구되었던 적은 한 번도 없었다. 그동안 어떻게 살았든 상관하지 않고 예수님은 우리를 사랑하시고 용납하신다. 예수님은 우리를 정죄하기보다 변화시키기 원하신다.

예수님은 다음과 같이 말씀하셨다. "아버지께서 내게 주시는 자는 다 내게로 올 것이요 내게 오는 자는 내가 결코 내쫓지 아니하리라"(요 6:37). 예수님은 우리를 위한 계획과 목적을 가지고 계실 뿐 아니라 주님을 믿지 않는 이들을 위한 계획과 목적도 가지고 계신다. 우리가 믿지 않는 이들을 하나님의 가족으로 받아들이기를 원하시는 것도 바로 이 때문이다.

모든 사람과 친구 되는 일

"서로 마음을 같이하며 높은 데 마음을 두지 말고 도리어 낮은 데 처하며 스스로 지혜 있는 체 하지 말라"(롬 12:16).

"그러므로 우리가 그리스도를 대신하여 사신이 되어 하나님이 우리를 통하여 너희를 권면하시는 것같이 그리스도를 대신하여 간청하노니 너희는 하나님과 화목하라"(고후 5:20).

이 성경구절들은 우리가 세상 사람들에게 꼭 전해야 할 메시지이다. 그러나 이 좋은 소식을 믿는 친구들끼리만 나누고 믿지 않는 사람들에게는 전하지 않는다는 게 우리의 한계이다. 예수님은 자신의 사명이 잃어버린 자들을 구원하는 것임을 아셨기에 하나님과 친구가 되어야 할 사람들과 친구가 되셨다.

예수님이 비천한 사람들과 함께 지내는 것을 본 바리새인들은 제자들에게 화를 내며 다음과 같이 비난했다. "어찌하여 너희 선생은 세리와 죄인들과 함께 잡수시느냐"(마 9:11). 그러자 이 말을 들은 예수님이 이렇게 말씀하셨다. "건강한 자에게는 의사가 쓸 데 없고 병든 자에게라야 쓸 데 있느니라 너희는 가서 내가 긍휼을 원하고 제사를 원하지 아니하노라 하신 뜻이 무엇인지 배우라 나는 의인을 부르러 온 것이 아니요 죄인을 부르러 왔노라"(마 9:12-13).

예수님은 자신이 이 땅에 온 목적을 알았기에 믿지 않는 사람들과 더불어 자유하실 수 있었다. 그래서 사람들이 자신을 죄인들의 친구라고 비난해도 개의치 않으셨다(눅 19:7). 주님의 사명은 사람들을 하나님과 화목하게 만드는 것이었다(고후 5:20).

예수님은 이제 우리가 주님의 대변자가 되어 주님을 위해 교회 밖에 있는 사람들에게 이 기쁜 소식을 전하기 원하신다. 그러나 여전히 많은 그리스도인들이 믿지 않는 사람들과 고립되고 단절

되어 있어 그들과 의미 있는 대화를 나눌 시간이 거의 없다. 오래 믿은 사람일수록 그 정도는 더욱 심하다. 그리고 많은 경우 점점 그들과 더불어 지내는 것이 불편하게 느껴진다. 그래서 우리는 결국 어떤 교제도 하지 않게 되는 것이다.

예수님은 우리가 믿지 않는 사람들에게 복음을 전하기 위한 출발점이 그들과 우정을 쌓는 것이라는 사실을 인식하고 계셨다. 믿지 않는 사람들과 관계를 맺게 될 때 우리는 비로소 복음을 전할 수 있는 기회를 얻게 된다. 여기서 가장 유의해야 할 점은 사람들이 정말로 중요하게 생각하는 것은 우리가 그들을 얼마나 많이 알고 있는가 하는 것이 아니라, 그들에게 얼마나 많은 관심을 가지고 있는가이다.

사도 바울은 믿지 않는 사람들에게 예수 그리스도를 전하기 위해서는 그들과의 공통점을 찾으려 노력해야 한다고 강조했다. "율법 없는 자에게는 내가 하나님께는 율법 없는 자가 아니요 도리어 그리스도의 율법 아래에 있는 자이나 율법 없는 자와 같이 된 것은 율법 없는 자들을 얻고자 함이라 내가 약한 자와 같이 된 것은 약한 자들을 얻고자 함이요 내가 여러 사람에게 여러 모습이 된 것은 아무쪼록 몇 사람이라도 구원하고자 함이니 내가 복음을 위하여 모든 것을 행함은 복음에 참여하고자 함이라"(고전 9:21-23). 공통점을 찾는 것은 믿지 않는 사람들에게 친밀감을 표현하는 것이다. 이는 우리가 그들의 부정적인 모습이 아닌 긍정적인 모습을 찾고 있다는 것을 보여 준다.

예수님이 우물가의 여인과 대화를 시작하셨을 때(요 4:4-26), 주님은 그녀를 정죄할 이유를 찾기보다 공통점을 찾으셨다. 그 결과 그녀는 하나님과 화목하였을 뿐 아니라 그녀의 친구들과 가족들을 모두 예수님 앞으로 데리고 나아왔다. 우물가 여인의 이야기를 통해 우리는 믿지 않는 사람들과 우정을 쌓기 위해서는, 그들을 사랑하는 것과 그들의 삶의 방식을 사랑하는 것과의 차이를 이해해야 한다는 것을 깨닫게 된다.

요한복음 3장 16절에서 예수님은 "하나님이 세상을 이처럼 사랑하사 독생자를 주셨으니"라고 말씀하셨다. 하나님은 분명히 세상 사람들을 사랑하신다. 그러나 이 말이 세상의 가치를 사랑한다는 의미는 아니다. 성경은 이렇게 말한다. "이 세상이나 세상에 있는 것들을 사랑하지 말라 누구든지 세상을 사랑하면 아버지의 사랑이 그 안에 있지 아니하니"(요일 2:15).

믿지 않는 세상 사람들과 우정을 쌓아 가기 위해서는 여러 가지 노력들이 필요하다. 우선 "너희 말을 항상 은혜 가운데서 소금으로 맛을 냄과 같이 하라 그리하면 각 사람에게 마땅히 대답할 것을 알리라"(골 4:6)는 성경말씀처럼 사람들에게 친절하고 공손한 태도를 보이며 분별력 있게 행동해야 한다. 또한 그들과 자주 만나서 시간을 함께 보내고, 항상 진실한 행동과 말로 그들을 대해야 할 것이다. 로마서 12장 9절에서 "사랑에는 거짓이 없나니 악을 미워하고 선에 속하라"고 말한 것을 기억하자.

사랑과 섬김의 표현

예수님은 사람들이 도움이나 위로, 보호, 난해한 문제에 대한 해답을 필요로 할 때면 그들을 위해 발걸음을 멈추셨다. 예수님은 그것을 도움이 간절히 필요한 사람들을 향한 하나님의 사랑을 보여 줄 수 있는 기회로 생각하셨고 사랑에 대해 말하기 전에 먼저 행동으로 실천하셨다. 예수님은 필요를 채워 주는 것이 사랑이라고 정의하셨다. 예수님이 사람들을 만져 주셨을 때 그들은 하나님이 역사하고 계심을 깨닫고 두려워하며 하나님께 경배하고 감사했다. 그리고 하나님께서 우리 가운데 나타나셔서 자기 백성들을 돌보아 주셨다고 말했다(눅 7:16).

예수님은 우리가 사랑을 실천하는 자들이 되기를 원하신다. 우리가 세상을 구원하는 일에 너무 바빠서 우리에게 도움을 청하는 사람들의 손을 무시하는 자가 되지 않기를 원하신다. 예수님은 선한 사마리아인처럼 우리도 곤경에 빠진 사람들을 위해 우리 일을 제쳐두고 먼저 그들을 돕기 원하신다(눅 10:25-37). 성경은 이렇게 말한다. "누가 이 세상의 재물을 가지고 형제의 궁핍함을 보고도 도와 줄 마음을 닫으면 하나님의 사랑이 어찌 그 속에 거하겠느냐"(요일 3:17).

예수님은 믿음과 섬김이 조화를 이뤄야 함을 보여 주셨다. 죄 많은 한 여자가 예수님의 발에 향유를 붓고 눈물을 흘리며 자신의 머리카락으로 예수님의 발을 씻겼을 때 예수님은 이런 말씀을 하셨다. "네 믿음이 너를 구원하였으니 평안히 가라"(눅 7:50). 그녀의 섬김은 하나님에 대한 믿음의 표현이었던 것이다.

세례 요한의 제자들이 예수님께 와서 "오실 그리스도가 당신입니까?"라고 물었을 때, 예수님은 자신의 섬김에 초점을 맞추어 이렇게 대답하셨다. "너희가 가서 보고 들은 것을 요한에게 알리되 맹인이 보며 못 걷는 사람이 걸으며 나병환자가 깨끗함을 받으며 귀먹은 사람이 들으며 죽은 자가 살아나며 가난한 자에게 복음이 전파된다 하라"(눅 7:22).

야고보는 우리가 말씀을 듣기만 하는 자가 아니라 행하는 자가 되어야 한다고 가르쳤다.

> "내 형제들아 만일 사람이 믿음이 있노라 하고 행함이 없으면 무슨 유익이 있으리요 그 믿음이 능히 자기를 구원하겠느냐 만일

형제나 자매가 헐벗고 일용할 양식이 없는데 너희 중에 누구든지 그에게 이르되 평안히 가라, 덥게 하라, 배부르게 하라 하며 그 몸에 쓸 것을 주지 아니하면 무슨 유익이 있으리요 이와 같이 행함이 없는 믿음은 그 자체가 죽은 것이라"(약 2:14-17).

행동하지 않고 말만 한다면 우리는 그리스도의 몸을 잘라내고 있는 것이다. 팔을 잘라내고 다리를 잘라내고 남은 것은 오직 말 많은 입뿐이다. 그래서 성 프란시스는 이런 말을 남겼다. "행함으로 복음을 전하라. 필요할 때만 말을 사용하라."

우리의 사랑을 사람들에게 보여 주기 원한다면 어떤 비천한 일도 마다해서는 안 된다. 예수님은 대부분의 사람들이 하기 싫어하는 일들을 특별히 행동으로 섬기셨다. 예수님은 사람들의 발을 씻기시고, 아이들을 돌아보시고, 아침을 준비하시고, 문둥병자들을 보살펴 주셨다. 예수님에게 시시하고 하찮은 일은 아무것도 없었다. 예수님의 섬김은 바로 그의 사랑을 통해 자연스럽게 우러나오는 것이었기 때문이다.

예수님은 사랑의 행위가 실제적이어야 한다고 가르치셨다. 예수님의 이름으로 보잘것없는 사람에게 냉수 한 그릇 주는 것도 사랑의 행위라고 말씀하셨다(마 10:42). 우리는 다른 사람을 섬기는 것으로 하나님을 섬긴다. 그리고 우리가 함께 힘을 합쳐서 섬길 때 더 큰 일을 할 수 있다(전 4:9).

그리스도인의 영향력

예수를 믿음으로써 우리 삶의 역할이 바뀌었다. 우리는 더 이상 우리 자신의 이익만을 추구하며 살지 않는다. 이제 우리의 사명은 예수님을 나타내는 것이다. 예수님을 대신하여 우리가 예수님의 얼굴이 되고, 손이 되고, 발이 되어 사람들과 더불어 살면서 그들에게 예수님을 증거해야 한다. 병원에서도, 장례식에서도, 결혼식에서도, 주변의 이웃들과 대화를 나눌 때도 우리는 예수님을 드러내야 한다.

우리는 세상에 속한 사람들은 아니지만 세상 속에서 살아가는 사람들이다. 그러므로 그리스도를 위하여 일하는 대사로서의 역할을 잘 감당해야 한다(고후 5:14-21). 하나님 나라를 위한 대변자요 종으로서 섬기는 자들인 우리는 이 세상은 우리의 집이 아니라는 사실을 늘 기억하고(벧전 2:11), 우리가 가진 소망에 관해 묻는 사람들에게 대답할 말을 항상 준비해 두어야 한다(벧전 3:15).

우리가 믿지 않는 사람들의 삶 속에 들어가 더불어 살면서 그들에게 다가갈 때 그들은 우리가 나타내고자 하는 우리 왕 예수님에 대해 알고 싶어 할 것이다. 그러므로 그리스도의 대사로서 믿지 않는 사람들에게 예수님의 메시지를 잘 전달하기 위해서는 그들의 문화를 이해하려 노력해야 한다. 그들의 문화를 잘 이해하면서 복음을 전할 때 그들은 주님의 가르침과 은혜의 원리들을 잘 이해하게 될 것이다.

그리스도를 대신하는 대사로서의 사명은 단순히 일 이상의 것이다. 그것은 우리에게 가장 귀중한 소명이다. 그러나 그리스도의 충실한 대사가 되기 위해서는 간단하지만 아주 중요한 결정을 내려야 한다. 즉, 우리가 원하는 것이 믿지 않는 사람들을 감동시키는 것인가, 그렇지 않으면 그들에게 영향을 미치는 것인가 하는 것이다. 만약 전자가 우리의 목적이라면 그것은 사람들과 멀리 떨어져 있어도 가능하다. 그러나 그만큼 하나님 나라와도 멀리 떨어지게 된다. 반면, 후자가 우리의 목적이라면 우리는 그들이 우리의 실수와 약점을 볼 수 있을 정도로 그들에게 가까이 다가가야만 한다. 그렇게 할 때 그들은 우리의 믿음이 참 진리이며 그들에게도 필요한 것임을 보게 될 것이다.

하나님이 우리가 믿지 않는 사람들을 감동시키기 원하신다고 생각하는가, 아니면 그들에게 영향을 미치기 원하신다고 생각하는가? 예수님의 대리자로서 믿지 않는 사람들에게 우리의 영향력을 넓힐 수 있는 방법은 다음과 같다.

첫째, 웃는 얼굴로 대하라

웃는 얼굴은 마음을 즐겁게 한다고 성경은 말한다(잠 15:30). 작은 미소만으로도 큰 영향을 미칠 수 있다.

둘째, 위로하라

우리는 고통 가운데 있는 사람들에게 마음의 위로와 용기를 줄 수 있다. 하나님께서는 우리가 여러 환난을 당할 때 위로해 주시는 분이시다. 그러기에 우리는 하나님께 받은 위로로 여러 환난을 당한 사람들을 위로할 수 있는 것이다(고후 1:4).

셋째, 섬기라

다른 사람들을 사랑으로 섬길수록 우리의 영향력은 더욱 커질 것이다. 사도 바울은 다음과 같이 기록하였다. "내가 모든 사람에게서 자유로우나 스스로 모든 사람에게 종이 된 것은 더 많은 사람을 얻고자 함이라"(고전 9:19).

넷째, 담대히 선포하라

그리스도의 대변자가 되기 위해서는 용기가 필요하다. 우리는 사람들 앞에서 예수 믿는 사람임을 드러내야 한다. 주님의 사랑은 우리의 믿음을 사람들에게 분명히 밝히도록 할 뿐 아니라 때로는 그들의 악한 행동에 대해 당당히 맞설 것을 요구한다. "여호와의 속량을 받은 자들은 이같이 말할지어다 여호와께서 대적의 손에서 그들을 속량하사"(시 107:2).

다섯째, 희생하라

흠 없는 그리스도가 하나님께 자신을 영원한 영적 제물로 드림으로써 이제 우리는 살아 계신 하나님을 섬길 수 있고, 죽음에 이르게 하는 행위를 더 이상 하지 않을 수 있게 된다(히 9:14). 위대한 희생은 위대한 결과를 낳는다. 이 말은 영향력을 높이기 위해 안락한 생활에서 벗어나 희생하는 삶을 살아야 한다는 뜻이다. 우리의 희생으로 세상이 변화될 수 있다면 그것은 가치 있는 일일 것이다.

◈ 더불어 삶을 사는 자의 자기 점검 ◈

1. 나로 인해 천국에 가게 될 사람이 있을지 생각해 보라. 그리고 밖으로 눈을 돌려 주변을 돌아보라. 나의 도움이 필요한 자들이 무수히 많을 것이다. 그들의 필요를 묻고, 작은 일부터 돕는 일을 시작하라.

2. 믿지 않는 사람들과 의미 있는 우정을 나누고 있는가? 실제적인 섬김을 통해 나는 누구에게 그리스도의 사랑을 나누어 줄 수 있는가?

3. 지금 나는 세상 사람들에게 영향력 있는 그리스도인으로 살아가고 있는가? 오늘 당장 주님께 엎드려 이렇게 기도해 보자. "하나님, 저는 하나님의 대변자가 되기를 원합니다. 제가 오늘 만나는 모든 사람들에게 깊고 넓은 하나님의 사랑을 보여 줌으로 그들에게 영향력을 끼칠 수 있도록 저를 사용하여 주옵소서."

better together

3장
더불어 삶은 하나님의 눈으로 그를 보는 것

너희가 다 마음을 같이하며 동정하며 형제를 사랑하며 불쌍히 여기며 겸손하며
베드로전서 3장 8절

하나님은 한 지체가 슬픔을 당하면 모든 지체가 함께 슬퍼하고, 한 지체가 영광을 받으면 모든 지체가 기뻐하기를 원하신다. 우리의 삶이 형통하든지 어려움을 당하든지, 희망차든지 절망스럽든지 간에 서로 따뜻하게 돕는 공동체의 안전한 분위기 안에서 우리가 따뜻하고 겸손한 마음으로 서로를 돌아보기 원하신다.

서로에게 속한 자들

어느 날 나는 신문에서 캐나다 매니토바 주 위니팩의 짐 설커스라는 사람에 대한 기사를 읽고 놀란 적이 있다. 그는 자기 집 침대 위에서 죽은 지 2년 만에 같은 마을의 이웃들에게 발견되었다. 짐 설커스는 그 동네에서 20년을 살았지만 그가 침대에서 죽은 후 2년이나 지나는 동안 아무도 그를 만나러 찾아오지 않았던 것이다.

이처럼 우리 사회는 점점 개인주의화 되고 있다. 우리가 서로를 필요로 한다는 사실에 둔감해져 버린 것이다. 이런 현상이 일어나는 데에는 두 가지 분명한 이유가 있다.

첫째, 우리의 문화가 개인주의를 미화시키고 있다

많은 사람들이 독립적이고 자립심이 강하며 혼자서도 잘 생활하는 사람에게 존경과 찬사를 보낸다. 그러나 안타까운 것은 겉으로는 자신감 있어 보이는 사람도 마음 한 구석에는 외로움과 불안, 상처가 가득하다는 사실이다. 오늘날 이 세상에 만연한 질병은 바로 외로움이다. 그럼에도 불구하고 우리는 서로를 연결하는 다리가 아니라 계속해서 서로를 단절시키는 벽을 쌓아 가고 있다.

둘째, 우리는 자존심이 강하다

대부분의 사람들이(특히 남자들이) 누군가에게 도움을 청하고 어려움을 드러내는 것이 자신의 연약함을 인정하는 것이라고 느낀다. 그러나 누군가의 도움을 필요로 하는 것은 결코 부끄러운 일이 아니다. 그것은 하나님께서 계획하신 일이다. 하나님께서는 그분의 자녀들이 서로 의지하면서 살기를 원하신다.

우리는 서로 관계를 맺으면서 살도록 지음 받았다. 우리는 하나님의 가족으로서 함께 교제하기 위해 태어났으며 함께 공동체를 만들기 위해 창조되었다. 혼자서 살아가는 것은 하나님의 뜻이 아니다. 완전하고 죄가 없었던 에덴동산과 같은 환경에서도 하나님은 "사람이 혼자 사는 것이 좋지 아니하니"(창 2:18)라고 말씀하셨다.

하나님께서는 외로움을 미워하신다. 그러나 그것이 모든 사람들이 다 결혼해야 한다는 의미는 아니다. 그보다는 모든 사람들에게 영적 가족이 필요하다는 의미이다. 하나님께서는 이런 이유 때문에 교회를 창조하셨다. 하나님께서 우리를 구원하시고 하나님의 가족이 되게 하신 것은 다른 믿는 사람들과 관계를 맺으면서 더불어 살라는 것이다. 우리는 단순히 믿는 자가 아니라 서로에게 속한 자이다. "너희는 그리스도의 몸이요 지체의 각 부분이라"(고전 12:27).

몸이라는 단어는 종종 어떤 목적을 위해 서로 연결된 사람들의 단체를 묘사할 때 사용된다. 학교에 다니는 아이는 학생들로 구성된 단체의 일부이고, 선거에서 선출된 정치 지도자들도 입법부라는 단체를 형성한다. 하나님께서는 교회를 "그리스도의 몸"이라고 부르시면서 각 지체가 독립적이면서도 서로 연결되어 있는 인간의 몸을 염두에 두고 말씀하셨다. 우리는 선택받은 사람들로 구성된 그리스도의 몸이다. 그러기에 그의 몸에서 우리가 해야 할 기능과 의미를 찾아야 한다.

성경은 "눈이 손더러 내가 너를 쓸 데가 없다 하거나 또한 머리가 발더러 내가 너를 쓸 데가 없다 하지 못하리라"(고전 12:21)고 말한다. 모든 생명체의 각 부분이 그러하듯이, 믿는 자들도 지체로서 서로 연결되어 있지 않고는 건강하게 살 수가 없다. 그러므로 우리가 영적으로 살아남기 위해서는 교회 안에서 서로 지체로 연결되어 교제해야만 하며 더 나아가 소그룹 모임에 참여해야 한다. 소그룹 안에서 우리는 서로 사랑하고 사랑받으며, 서로 섬기고 섬김을 받으며, 서로 가르치고 배울 수 있다. 우리는 함께 교제하도록 부르심 받은 하나님의 가족이다. 그러기에 우리는 모두 서로를 필요로 한다는 사실을 인정하면서 형제자매들과 함께 공동체를 만들고 몸의 지체가 서로 의지하듯이 서로 의지해야 한다. 또한 "형제를 사랑하여 서로 우애하고 존경하기를 서로 먼저 하며"(롬 12:10)라는 성경말씀처럼 공동체 안에서 더불어 살기 위해서는 겸손한 자세가 필요하다. 우리는 서로에게 속한 사람들이며 서로에게 필요한 사람들임을 계속해서 상기시켜야 할 것이다.

헌신이 만들어 내는 관계

더불어 사는 공동체는 서로 사랑하고, 함께 일하고, 함께 거하는 일에 헌신한다. 성경도 "화평하게 하는 자들은 화평으로 심어 의의 열매를 거두느니라"(약 3:18)고 했다. 우리가 함께 어울리고 서로 존중하며 존경하기를 힘쓸 때에만 하나님 보시기에 건강하고, 아름답고, 풍요로운 공동체 생활을 할 수 있고 그 결과들을 누릴 수 있다.

  함께 어울리는 것은 자기중심적인 태도로 다가가는 피상적인 행위 이상의 것이다. 함께 어울리는 것은 관계 안에 있는 모든 지체들 각각의 가치를 존중하는 것이다. 우리는 모두 하나님의 창조물이요, 하나님의 은혜가 담긴 귀한 그릇임을 서로 인정하는 것이다. 우리는 서로에게 헌신하기 위해 공동체에 속한 것이지 우리 자신이 원하는 것을 마음대로 하기 위함이 아니다.

하나님은 이런 헌신을 위해 우리를 창조하셨다. 그리고 그분은 우리에게 헌신하셨다. 또한 우리가 그분에게 헌신하고 서로에게 헌신하기를 기대하신다(고후 8:5). 하나님은 우리가 헌신하며 살도록 계획하셨다. 결혼, 자녀, 직장, 교회 등 우리 삶의 모든 것이 헌신 없이는 불가능하다.

헌신하는 공동체가 되기 위해서는 시간을 투자하는 것이 필요하다. 일주일에 한 번 교회 소그룹 모임에서 만나는 것으로는 부족하다. 삶을 함께 나누고 서로를 돌아보는 일에 우선순위를 두어야 한다. 일을 마친 후 함께 만나 커피를 마시고, 함께 시간을 즐기며, 병원에 입원한 사람들을 방문하면서 삶을 나누고, 서로를 돌아보는 것이 헌신이다.

헌신하는 사람들은 단순히 우정을 나누는 것이 아니라 서로에게 형제보다 친밀한 친구(잠 18:24)가 된다. 관계의 양적인 부분이 아니라 질적인 부분에 초점을 맞추어야 하는 것이다. 인생을 살아갈 때, 우리에게 피상적인 친구들은 많지만 정말 좋은 친구는 그리 많지 않다. 우리의 관계 안에서 우리는 서로에게 좋은 친구가 될 수 있어야 한다.

그렇다면 서로에게 헌신한다는 것은 어떤 의미일까?

먼저 서로 변함없이 사랑하는 것이다. 나에게 유익이 되고 편리할 때만이 아니라 언제나 변함없이 사랑하고 돕는 것이다(잠

17:17). 사랑스러울 때뿐 아니라 가장 나쁜 모습일 때에도 서로 사랑해야 한다(롬 5:8).

서로 관심을 가지고 연락하며 자주 만나는 것도 헌신이다. 가장 기본적인 헌신의 표시는 만나는 것이다. 우리는 관심이 있는 곳에 머물게 된다. 함께 얼굴을 보는 것만으로도 우리는 서로에게 격려가 된다(히 10:25). 선교사 짐 엘리엇은 다음과 같이 말했다. "당신이 어디에 있건 그 자리에 함께 모이라."

헌신은 서로에게 유익을 주는 것을 의미한다. 하나님께서 우리 각 사람에게 독특한 능력을 주신 목적은 그것을 다른 사람들과 나누도록 하기 위해서이다. 모든 사람이 은사를 얻은 것은 모든 사람이 유익을 얻게 하기 위함이다(고전 12:7). 만약 우리가 모두의 유익을 위해 영적 은사를 아낌없이 사용하지 않는다면 우리의 소그룹과 교회는 더욱 빈약해질 것이다. 우리 모두가 함께 일해야 하는 위대한 몸의 한 지체들이라는 것을 인정할 때 진정한 헌신이 된다(롬 12:4, 5).

하나님의 눈으로 바라보는 존경

서로 존경한다는 것은 하나님 아버지의 시각을 갖고 영생을 소유한 존재(요 3:16)로 서로 바라보는 것을 의미한다. 우리는 모두 하나님의 택하신 백성이요, 왕 같은 제사장이며, 하나님의 놀라운 일을 행하고, 그분을 전하기 위한 도구다. 또한 서로 존경한다는 것은 서로를 "하나님의 상속자요 그리스도와 함께한 상속자"(롬 8:17)로 바라보는 것이다. 교회 안의 지체들이 지금 당장은 존경하기 힘든 사람들일지라도 머지않아 곧 천국에서 함께 지내게 될 사람들이라는 것을 기억하는 것이다. 성경은 말하기를 "오직 하나님이 몸을 고르게 하여 부족한 지체에게 귀중함을 더하사"(고전 12:24)라고 했다.

존경을 나타내는 중요한 기본자세 중 하나는 그냥 이야기를 들어 주는 것이다. 서로에게 다가가 귀를 열고 감추어진 마음의 상처와 아픔, 그리고 마음속 깊은 곳에 숨겨져 있는 꿈과 욕망에 대해 들어 주는 것이다. 우주의 창조자이신 하나님은 우리의 기도를 들으시는 분이다. 예수님은 주변 사람들의 소리에 귀를 기울이셨다. 그러므로 우리도 주님 안에서 형제자매 된 사람들의 소리에 귀를 기울여야 한다. 듣는다는 것은 어떤 문제에 해답을 주거나 그 문제를 해결하기 위해 급하게 서두르는 것을 의미하지 않는다. 마음을 다해 다른 사람의 말을 그냥 들어 주는 것이 때로는 그를 위해 할 수 있는 전부일 때가 있다.

존경을 나타낼 수 있는 또 하나의 기본자세는 우리와 함께 있지 않은 사람들에 대해 험담하지 않는 것이다. 다른 사람에 대해 안 좋은 말을 하는 것보다 더 빨리 관계를 파괴시키는 것은 없다(잠 16:28). 존경은 소문을 듣거나 퍼뜨리는 대신 그리스도 안에서 형제자매 된 사람들의 명예와 위엄을 지켜 주려고 최선을 다하는 것이다. 성경은 "사랑은 허다한 죄를 덮느니라"(벧전 4:8)고 가르치고 있다.

서로에 대한 존경을 나타내기 위해서는 여러 노력들이 필요하다.

첫째, 단순히 진실 되게 말하기보다는 재치 있게 말하라

이것은 말하기 전에 자신의 말이 다른 사람에게 어떤 영향을 미치게 될지 신중히 생각하고 말하는 것이다. 사랑하는 마음으로 하는 말일 때 사람들은 가장 잘 받아들인다. 그러므로 성숙한 그리스도인으로서 우리는 모든 진리를 알되 그 진리를 사랑 안에서 말하는 사람이 되어야 한다.

나는 누군가에게 말하기 전에 나 자신에게 먼저 이렇게 물어본다. '왜 내가 지금 이 말을 하려고 하는가? 지금 내가 하려고 하는 말이 이 사람을 건강하게 바로 세우는 것인가, 아니면 파멸시키는 것인가?' 성경은 "온순한 혀는 곧 생명나무이지만 패역한 혀는 마음을 상하게 하느니라"(잠언 15:4)고 했다.

둘째, 요구하지 말고 이해하라

다른 사람들을 대할 때, 그들이 나를 존중하는 태도로 대해 주기를 바라는 만큼 나도 그들을 존중해 주어야 한다(눅 6:31). 우리는 다른 사람들의 감정과 스트레스를 신중히 다루어야 한다. 때로 사람은 기분이 나쁠 때도 있고, 힘든 하루를 지낼 때도 있다. 하지만 마음이 지혜롭고 성숙한 사람은 이해심 또한 많은 자이다. 이해심을 연습하기에 가장 좋은 곳은 내가 속한 가정과 교회 모임이다. 많은 사람들이 매일 만나는 사람들보다는 낯선 사람들에게 더 친절하고 공손하다. 그러나 매일 만나는 가까운 사람들에게 더욱 친절하고 공손해야 하는 것이 맞지 않을까?

셋째, 정죄하지 말고 온유한 태도를 보이라

비록 다른 사람의 의견에 동의하지 않더라도 그의 의견을 존중하고 예의바르게 대할 수 있어야 한다. "우리 각 사람이 자기 일을 하나님께 직고하리라 그런즉 우리가 다시는 서로 비판하지 말고 도리어 부딪칠 것이나 거칠 것을 형제 앞에 두지 아니하도록 주의하라"(롬 14:12-13).

넷째, 무례히 행하지 말고 공손히 대하라

다른 사람이 나에게 무례하게 행동하더라도 나는 그들에게 무례하게 대응해서는 안 된다. 우리는 그리스도의 제자로서 친절하게 대응하라는 가르침을 받았다. "악에게 지지 말고 선으로 악을 이기라"(롬 12:21).

다섯째, 교회의 목회자들과 영적 지도자들은 성도의 영혼을 주의해서 살피는 책임(히 13:17)을 지라

그들은 우리의 영혼을 책임진 자들이기 때문에 하나님의 말씀을 바르게 가르쳐야만 한다. 거짓 가르침에 대해서는 이를 대적함으로써 확산되는 것을 막고, 믿지 않는 이들에게 복음을 선포하며, 모든 사람들을 위해 기도하고, 리더들을 임명하고 훈련시켜야 한다. 교회의 목회자들과 영적 지도자들은 예수님의 제자로서 모범을 보이고 섬김으로써 이 모든 일들을 감당해야만 한다(디모데전·후서, 디도서 참조).

재치 있게 말하고, 이해하고, 온유하고 공손하게 대하는 것이 말처럼 쉽지는 않다. 그러나 서로를 존경하기 위해서는 이 모든 것들이 필요하다. 하나님께 "존경하기를 서로 먼저"(롬 12:10) 할 수 있도록 성령의 능력을 달라고 기도하는 것이 우리의 할 일이다.

위로와 겸손이 주는 안전감

서로 사랑할 때 우리는 모든 관계 안에서 안전감을 느낀다(요일 4:18). 이런 안전감은 기쁨과 고통, 행운과 불행, 성공과 실패 등 우리의 모든 인간적인 부분들을 다른 사람들과 나눌 수 있게 만든다. 감당하기 어려운 현실에 직면하여 슬프고 당황스럽고 혼란스러울 때 내가 사랑받고 있다고 느끼면 두려움이 사라진다. 그러므로 우리는 서로 사랑함으로써 그리스도께서 모두에게 동일하게 주시는 이 귀한 안전감을 나누어야 한다.

하나님은 우리가 서로의 삶을 의지할 수 있을 만큼 서로 사랑하는 공동체를 만들기 원하신다. 그리고 그 사랑의 공동체 안에서 우리가 살고, 움직이고, 존재하기를 원하신다(행 17:28). 하나님은 한 지체가 슬픔을 당하면 모든 지체가 함께 슬퍼하고 한 지체가 영광을 받으면 모든 지체가 기뻐하기를 원하신다. 우리의 삶이 형통하든지, 어려움을 당하든지, 희망차든지, 절망스럽든지 간에 서로 따뜻하게 돕는 공동체의 안전한 분위기 속에서 따뜻하고 겸손한 마음으로 서로를 돌아보기를 원하신다.

우리는 하나님께 받은 도움으로 다른 사람들을 도울 수 있다. 또한 하나님께서 주시는 위로로 다른 사람들을 위로할 수도 있다(고후 1:4).

"힘든 하루였지만 괜찮아."

"피곤하지만 괜찮아. 푹 쉬면 돼."

"너의 실수를 편하게 인정하렴."

"너의 결혼 생활이 힘들다고 말해도 괜찮아."

"무언가에 중독된 것이 있다면 편하게 털어 놓아도 괜찮아."

"부담 갖지 말고 너의 마음속 상처들을 말해 봐."

"하루쯤은 육아에서 벗어나 휴식을 취해 봐."

"슬퍼해도 괜찮아. 실컷 슬퍼하고 속 시원히 울어 봐."

이런 위로의 말들이 우리에게 얼마나 큰 힘이 되는지 굳이 말하지 않아도 알 것이다. 다른 이에게 상처가 되는 말 대신 따뜻한 마음이 담긴 말을 전한다면 공동체는 더 긴밀해지고 탄탄해질 것이다.

공동체를 안전하게 만드는 또 하나는 겸손이다. 겸손한 사람은 의식적으로 애써 자신을 낮추려 하지 않는다. 그는 애써 겸손한 행동을 보이려 하지도 않는다. 그런 행동은 사실 자기중심적이고 거짓된 겸손이다.

겸손은 다른 사람을 사랑하는 마음에서 자연스럽게 우러나오는 것이다. 다른 사람을 사랑한다는 것은 하나님의 시각으로 다른 사람의 가치를 보는 것이다. 또한 진정한 겸손은 그리스도 안에서 나 자신의 가치와 삶의 독특한 목적을 이해하는 것을 의미한다. 그러할 때 우리는 다른 사람의 성공을 진심으로 축하해 줄 수 있다. 이는 하나님은 우리의 필요와 사명에 따라 각각 다른 방법과 다른 시기에 우리를 축복하시는 분이라는 사실을 알기 때문에 가능하다.

"새 차를 샀구나. 아주 멋진데? 정말 축하해!"
"월급이 많이 올랐다고? 진심으로 축하한다!"
"몸무게를 많이 줄였구나. 아주 날씬해졌는데?"
"판매 경쟁에서 이겼다니 기쁘다."
"하나님께서 너의 삶 속에 선하게 역사하신 이야기를 들으니 나도 기쁘다. 함께 '할렐루야'를 외치고 싶을 만큼 말이야."

다른 사람의 기쁨을 자신의 기쁨처럼 받아들이고 진심으로 축하해 주는 이런 말들은 진정한 겸손의 마음에서 우러나오는 것이다.

우리는 함께 슬퍼함으로써 따뜻한 마음을 나타낼 수 있다. 또한 다른 사람이 받은 축복을 함께 기뻐함으로써 겸손한 마음을 나타낼 수 있다. 서로 돕는다는 것은 서로가 현재의 모습만을 보는 것이 아니라 미래의 모습을 보는 것을 의미한다. 예수님은 베드로가 여전히 충동적으로 행동하는 어부일 때 그를 '반석'(마 16:18)이라 부르셨다. 하나님은 적들이 무서워 숨어 있는 기드온을 '큰 용사'(삿 6:11-12)라 부르셨다. 그러므로 우리는 서로 격려하고 세워 주어야 한다(살전 5:11). 우리가 다른 사람의 삶의 목적과 사명의 관점에서 그들을 바라볼 때 서로를 격려하고 세워 줄 수 있다. '돕다'라는 단어의 문자적인 의미가 "힘을 빌려 준다"라는 것을 기억하면 서로 덕을 세우는 일을 힘쓰는 데 도움이 될 것이다. 우리는 따뜻하게 도움의 손길을 내밀고 안전감을 주는 곳에서 힘을 얻게 된다.

같은 마음, 같은 뜻

논쟁에서 이기려 애쓰기보다는 나에게 동의하지 않는 사람마저 사랑하는 것을 목표로 삼는 것이 하나님이 바라시는 일이다. 예수님은 사랑이 언제나 승리할 것이라고 말씀하신다. 주님께서 사망 권세를 이기시고 무덤에서 나오심으로써 항상 사랑이 승리할 것을 보장해 주셨다. 논쟁 가운데서도 우리가 서로 잘 지내기 위해서는 성경에 기초한 다음과 같은 지침들을 기억해야 한다.

첫째, 자비롭게 반응해야 한다(잠 3:3-6)

갈등이 생겼을 때 대부분의 사람들은 "우리는 공정한 것을 원할 뿐이다"라고 말한다. 그러나 논쟁에 임하는 하나님의 방법은 공정함이 아니라 은혜와 자비의 마음이다(롬 5:8).

둘째, 하나님이 진리를 판단하시도록 해야 한다(고후 13:8)

진리는 나의 생각이나 감정(요일 4:1), 또는 다른 사람들의 의견에 의해 결정되는 것이 아니다. 하나님께서 이것이라고 말씀하시는 것이 진리이다. 그러므로 어떤 상황이든 그것을 해석할 수 있는 권위는 하나님만이 가지신다(고후 10:5).

셋째, 하나님의 임재를 간구해야 한다(마 28:20)

사탄은 우리가 홀로 싸우고 있다고 믿기를 원한다. 시몬 베드로는 홀로 싸우는 것이 무엇인지를 보여 주는 인물이다. 그는 자신을 보호하기 위해 필사적으로 거친 말, 검, 저주, 그리고 거짓말을 사용했다. 마치 하나님으로부터 분리된 사람처럼 싸웠다(마 26:52). 우리는 홀로 싸운 베드로보다는 하나님과 함께한 젊은 목동 다윗의 본을 따라야 한다. 다윗은 하나님께서 전쟁 가운데 함께하신다는 사실과 전쟁은 하나님께 속한 것임을 믿었다(삼상 17:47).

넷째, 주님의 마음을 의지해야 한다(고전 2:15-16)

성경은 우리의 명철을 의지하지 말라고 말한다(잠 3:5). 우리가 보기에 바르게 보이는 것이 잘못된 것일 수도 있기 때문이다(잠 14:12).

다섯째, 갈등의 진정한 원인이 무엇인지 찾아야 한다(엡 6:12)

하나님의 말씀에 따르면 우리의 싸움은 다른 사람들과의 싸움이 아니라 '보이지 않는 악한 영의 세력'인 사탄과의 싸움이다.

여섯째, 인간적인 무기를 버려야 한다(고후 10:4-5)

하나님의 뜻을 따라 하나님께 의지하면서 일하지 않고 나의 필요를 채우기 위해서 일할 때, 사도 바울이 말한 '육체에 속한 무기'를 사용하기 쉽다. 이는 사기, 험담, 중상모략, 조롱, 위협, 비난, 잔소리, 속임수, 그리고 침묵 등과 같은 것들이다. 이러한 것들을 사용할 때 우리는 '악을 악으로 갚는' 악순환으로 결말을 맺게 된다. 이것은 마치 악취를 풍기는 사람이 스컹크와 싸우려는 것과 같다. 그러면 결국 모두가 패배하게 될 것이다.

일곱째, 영적 무기를 의지해야 한다(고후 10:4)

우리에게 있어서 강력한 영적 무기는 기도다. 하나님 말씀의

전신갑주를 입은 후, 우리는 "모든 기도와 간구를 하되 항상 성령 안에서 기도"(엡 6:18)해야 한다. 논쟁이 발생했을 때 대부분의 그리스도인들은 함께 기도하려 하지 않는다. 그러나 일단 기도하기 시작하면 하나님이 어떤 분이시며 하나님의 자녀로서 우리가 어떤 존재인지를 다시금 생각하게 된다. 그러므로 일단 기도하기 시작하면 어떤 논쟁이 일어나더라도 그것을 영원의 관점에서 보게 된다.

기도와 함께 강력한 영적 무기가 있다면 바로 용서다. 용서의 힘은 대적들이 우리를 무찌르기 위해 사용하는 그 어떤 무기보다도 강하다. 하나님은 우리가 용서받은 것처럼 다른 사람들을 용서하라고 명령하신다(마 6:12).

이렇게 논쟁 가운데서 하나가 되기 위해 노력하지만, 그렇다고 항상 같은 의견을 가질 필요는 없다. 만일 오케스트라 연주에서 모든 연주가들이 똑같은 음을 연주한다면 얼마나 지루한 음악이 되겠는가. 음악을 아름답게 만드는 것은 화음이다. 각각 다른 연주가들이 다른 악기와 다른 음으로 한 지휘자의 지휘에 따라 연주할 때 아름다운 음악이 탄생한다. 각 연주가들의 목표는 다른 사람들보다 더 큰 음을 내는 것도 아니고 곡을 먼저 끝내는 것도 아니다. 그들의 목표는 "같은 마음과 같은 뜻으로 온전히 하나가 되는 것"이다. 이렇게 될 때 천국의 음이 아름답게 울려 퍼질 것이다.

용납과 이해를 위한 참음

이해심이 많은 사람은 잘 참는다(잠 14:29). 서로를 더 많이 용납할 수 있으려면 화내는 상대방의 마음속에 숨겨져 있는 상처와 그런 행동을 하게 하는 원인을 볼 수 있어야 한다. 성경도 이렇게 말했다. "노하기를 더디 하는 것이 사람의 슬기요 허물을 용서하는 것이 자기의 영광이니라"(잠 19:11).

참고 인내해야 할 상황에 직면했을 때, 하나님의 참으심을 생각하라. 그분은 우리가 다른 사람을 향해 참는 것보다 훨씬 더 많이 우리를 향해 참고 계신다. 사도 바울은 다음과 같이 말했다. "…죄인 중에 내가 괴수니라 그러나 내가 긍휼을 입은 까닭은 예수 그리스도께서 내게 먼저 일체 오래 참으심을 보이사 후에 주를 믿어 영생을 얻는 자들에게 본이 되게 하려 하심이라"(딤전 1:15-16). 그래서 사도 바울은 자신의 인생을 통해 예수님의 본을 보여 주었다.

예수님이 우리를 얼마나 참으셨는가를 생각하면 우리는 서로에게 함부로 화를 낼 수가 없다. 사랑은 오래 참는 것이다(고전 13:4). 그러므로 오래 참지 않는 것은 사랑이 아니다.

우리는 인내하며 살아야 한다. 하나님께서는 우리를 각각 다른 모양으로 창조하셨고 각자의 삶에 주신 사명도 다르다. 우리는 모두 자라온 환경이 다르고 신앙의 단계와 수준이 다르다. 우리가 서로에 대해 인내하면 우리의 다양성이 약점이 아니라 강점임을 깨닫게 된다.

사도 바울은 다음과 같이 말했다. "믿음이 연약한 자를 너희가 받되 그의 의견을 비판하지 말라"(롬 14:1). 우리는 다른 시각을 가진 사람들을 받아들여야 한다. 의견은 강하게 주장하는데 믿음이 약한 사람들, 동의할 수 없는 말과 행동을 하는 사람들을 비난하지 말아야 한다. 그들의 생각과 행동에는 나름의 이유가 있다는 사실을 기억하고 그들을 온유하게 대해야 한다.

우리는 항상 오래 참으려고 노력해야 한다. 상황이 좋을 때는 누구나 참을 수 있다. 그러나 어떤 사람이 나의 하루 일과를 망쳐 버렸거나 똑같은 실수를 여러 번 반복한다면 참는 것이 쉽지만은 않다. 그래서 참는 데는 희생이 따르기 마련이다. '사람들을 받아들이기' 위해서는 나의 권리와 의견을 일단 양보해야 한다.

진심으로 인내하기 위한 가장 실질적인 방법은 다른 사람의 말을 귀 기울여 듣는 것이다. 그저 건성으로 듣는 것이 아니라 온전히 주의를 기울여 들으라. 성경은 "사연을 듣기 전에 대답하는 자는 미련하여 욕을 당하느니라"(잠 18:13)고 말했다. 사연을 완전히 다 듣기 전에 누군가의 행동이나 소문을 평가해서는 안 된다는 말이다. 참으로 명쾌한 말씀이 아닐 수 없다. 하나님은 우리에게 두 개의 귀와 하나의 입을 주셨다. 이것은 어쩌면 듣는 것을 말하는 것보다 두 배 더 많이 하라는 뜻일지도 모른다.

나 자신에게 다음과 같은 질문을 던져 보자.

- 나를 참을 수 없게 만드는 것은 무엇인가?
- 이러한 것들을 인내하기 위해 내가 먼저 해야 할 일은 무엇인가?
- 어떻게 하면 참을 수 없게 만드는 사람들을 더 잘 이해할 수 있을까?
- 그들의 솔직한 사연을 들으려고 시간을 내본 적이 있는가?
- 다른 사람들이 얼마만큼 나를 참아 주기를 기대하는가?
- 나는 다른 사람들이 나에게 베풀어 주기를 기대하는 만큼의 호의를 그들에게 베풀고 있는가?

고린도전서 13장 4절에서 "사랑은 오래 참고"라고 말한다. 이 말은 오랫동안 많은 것들을 견뎌내는 것을 의미한다. 만약 참을 성이 한계에 이르렀다는 생각이 들면, 예수님이 우리를 얼마나 오랫동안 참으시고 이해해 주셨는가를 기억하라.

깊은 관계로 나아가게 하는 정직

신실하고 열린 관계를 유지하기 위해서는 정직이 필요하다. 서로에게 정직하고 솔직할 때(잠 24:26) 비로소 서로의 관계가 깊어지게 된다. 정직한 관계를 유지하는 사람들은 진실하게 행하고(딛 2:7) 사랑으로 진리를 말한다(엡 4:15).

정직은 우리로 하여금 성령의 인도하심에 민감하도록 요구한다(요 16:13). 그리고 그리스도 안에서 살아가는 우리의 삶을 부패하게 만드는 거짓에 대항해 싸울 수 있도록 돕는다(고후 10:5). 정직은 우리가 진심으로 말하고, 우리가 말하는 것이 모두 진심일 것을 요구한다(마 5:37). 또한 사적인 면에서 뿐만 아니라 공적인 면에서도 동일한 정직함을 보여야만 한다(행 20:20). 우리는 다원적인 진리가 아닌 오직 하나의 진리에 헌신된 사람들이다(요 14:6).

더불어 사는 삶을 위해서는 '더 이상 거짓은 없어야' 한다. 옛사람을 벗어버리고 이제 새사람이 되었으니 더 이상 거짓을 말해서는 안 된다(골 3:9). 마귀는 거짓의 아비이다. "진리가 그 속에 없으므로 진리에 서지 못하고 거짓을 말할 때마다 제 것으로 말하나니 이는 그가 거짓말쟁이요…"(요 8:44). 진리를 거스르는 사람들은 경건치 않고 불의한 자들이다(롬 1:18). 그러나 우리는 진리를 알고 진리 안에서 자유하게 된 사람들이다(요 8:32).

거짓말에는 두 종류가 있다.

첫째, 완전한 거짓말이다

이것은 분명히 거짓인 줄 알면서도 의도적으로 하는 거짓말이다. 성경은 우리가 거짓을 버리고 참된 것을 말해야만 한다고 가르친다(엡 4:25). 우리는 진리의 능력을 잃어버리고 항상 거짓말을 하며 거짓말하는 이유를 단지 흐려진 기억 탓이라고 말하는 거짓말쟁이가 되어서는 안 된다.

둘째, 부분적인 거짓말이다

이것은 온전히 진리를 말하는 데 실패했거나 다른 사람의 속임수를 눈감아 주는 것을 말한다. 사도 바울 시대에 가난하고 미덥지 못한 여자의 집에 가만히 들어가 부드러운 말로 속이고 유혹하는 자들이 있었다. 이런 자들의 입에서 나오는 말들은 대부분 부분적인 거짓말들이었다. 우리는 거짓말에 현혹되고 그 유혹에 넘어갈 때가 많지만 결국은 정직하게 말하는 사람이 아첨하는 사람보다 더 귀히 여김을 받게 되어 있다(잠 28:23). 서로에게 정직하게 말하는 것이 서로를 존경하는 것이다.

더불어 삶을 위해서는 '더 이상 변명하지 말아야' 한다. "숨은 부끄러움의 일을 버리고 속임으로 행하지 아니하며 하나님의 말씀을 혼잡하게 하지 아니하고 오직 진리를 나타냄으로 하나님 앞에서 각 사람의 양심에 대하여 스스로 추천"(고후 4:2)해야 한다. 우리가 솔직하고 꾸밈이 없는 진리를 말한다면 '숨겨진 의미를 찾으려고' 노력할 필요가 없다.

사실 우리는 강력한 하나님의 무기를 사용하여 하나님의 진리에 대항해 높아진 온갖 왜곡된 생각들을 깨뜨리고, 모든 방종한 생각과 충동적인 감정을 사로잡아 그리스도께 복종시켜야 한다(고후 10:5). 그렇게 하지 않으면 거짓이 우리의 삶을 왜곡시켜 서로를 신뢰할 수 없게 만들 것이다(눅 16:10).

전혀 문제가 되지 않는 아주 사소한 말에 대해 어떤 숨은 의미가 있지 않을까 자꾸 의심하다 보면 그 말이 온 교회에 풍파를 일으키는 문제가 되기도 한다. 신약성경은 갈라디아 교회에서 이런 비슷한 사건이 있었음을 기록하고 있다. 베드로는 새로운 그리스도인들에게 자기가 말한 것과는 완전히 다른 이중적인 행동을 하였다(갈 2:12). 그의 이러한 행동은 새로운 신자들로 가득한 교회의 믿음을 위협하였다. 그래서 사도 바울은 베드로를 대면하여 그의 거짓된 행동을 책망하였다(갈 2:11).

"끝으로 형제들아 무엇에든지 참되며 무엇에든지 경건하며 무엇에든지 옳으며 무엇에든지 정결하며 무엇에든지 사랑받을 만하며 무엇에든지 칭찬받을 만하며 무슨 덕이 있든지 무슨 기림이 있든지 이것들을 생각하라"(빌 4:8). 또한 성경은 이렇게 말하고 있다. "주께서 이르시되 내가 살았노니 모든 무릎이 내게 꿇을 것이요 모든 혀가 하나님께 자백하리라"(롬 14:11).

◆ 더불어 삶을 사는 자의 자기 점검 ◆

1. 나는 누구에게 또는 무엇을 위해 헌신해야 하는가? 누군가에게 나의 헌신을 의도적으로 보여 주기 위해 "나는 당신의 가까운 친구가 되고 싶습니다"라고 말해 본 적이 있는가?

2. 서로 존경하기 위한 네 가지 노력인 재치 있게 말하기, 이해심, 온유한 태도, 공손함 중에서 나에게 가장 도전이 되는 것은 무엇인가?

3. 어떻게 하면 다른 사람들을 더 많이 인내하는 사람이 될 수 있을까?

4. 완전한 거짓말과 부분적인 거짓말의 유혹 중 나는 어느 것을 물리치기 위해 더 애쓰는가?

4장
더불어 삶은 그와 함께 성숙해 가는 것

그리스도의 말씀이 너희 속에 풍성히 거하여 모든 지혜로 피차 가르치며 권면하고
시와 찬송과 신령한 노래를 부르며 감사하는 마음으로 하나님을 찬양하고
골로새서 3장 16절

오늘날 세상 가운데 살고 있는 사람들은 어떻게 배우자를 사랑하고, 결혼 생활을 잘 유지하며, 아이들과 잘 지내고, 사업을 정직하게 하고, 예수님처럼 갈등을 잘 처리할 수 있는지에 대해 모본을 보여 줄 수 있는 사람을 간절히 원한다. 다른 사람들의 삶의 모습을 지켜봄으로써 자신을 반성하고 많은 것을 배우게 되기 때문이다.

나를 성숙시키는 모델

많은 사람들은 하나님의 말씀과 기도가 영적 성장에 필요한 전부라고 생각한다. 하지만 그것은 잘못된 생각이다. 제대로 성장하기 위해서는 사람이 필요하다. 그리스도를 닮은 인격은 혼자 고립된 상태가 아니라 관계를 통해서 만들어지기 때문이다.

목적이 이끄는 삶을 사는 사람과 함께 살아간다면 아마 우리는 그를 본보기 삼아 더 빠르고 강하게 성장할 수 있을 것이다. 사도 바울은 다음과 같이 충고했다.

> "형제들아 너희는 함께 나를 본받으라 그리고 너희가 우리를 본받은 것처럼 그와 같이 행하는 자들을 눈여겨 보라"(빌 3:17).

우선, 성장하기 위해서는 실천적인 원리들을 알 필요가 있다. 일상 가운데서 신앙이 어떻게 행동으로 나타나는지를 보아야 하는 것이다.

바울이 교회를 개척하기 위해 어떤 도시를 여행할 때 가장 먼저 한 것은 사람들 가운데 들어가 그들과 함께 생활하는 것이었다. 그래서 그의 삶 자체가 "말씀이 육신이 되어 우리 가운데 거하시는"(요 1:14) 예수님의 삶을 보여 주는 '살아 있는 성경'이었다. 바울은 사람들 가운데 거하면서 말씀의 진리를 자신의 삶 속에서 실천하며 살았다. 그리고 그 도시를 떠난 후에 그는 다음과 같은 편지를 보냈다.

> "너희는 내게 배우고 받고 듣고 본 바를 행하라 그리하면 평강의 하나님이 너희와 함께 계시리라"(빌 4:9).

나는 가끔씩 이런 생각에 잠기곤 한다.

'내가 그리스도를 따르는 데 본이 될 만한 모델은 누구일까?'
'도대체 나는 누구에게서 보고 배우고 있는 것일까?'
'나는 누군가에게 본이 되고 있을까?'

생각해 보면 믿는 자들인 우리는 '보여 주는 것'보다 오히려 '말하는 것'에 익숙해져 있는 듯하다.

오늘날 세상 가운데 살고 있는 사람들은 어떻게 배우자를 사랑하고, 결혼 생활을 잘 유지하며, 아이들과 잘 지내고, 사업을 정직하게 하고, 예수님처럼 갈등을 잘 처리할 수 있는지에 대해 모본을 보여 줄 수 있는 사람을 간절히 원한다. 다른 사람들의 삶의 모습을 지켜봄으로써 자신을 반성하고 많은 것을 배우게 되기 때문이다.

성장을 위해서는 좋은 모델뿐만 아니라 좋은 멘토(mentor)도 필요하다. 멘토는 나보다 더 오랫동안 예수님을 믿고 따랐던 사람이어야 하고, 그의 삶에서 얻은 교훈들을 나눌 수 있는 사람이어야 한다. 살면서 자신의 여러 경험을 통해 배우는 것은 지혜로운 일이다. 그러나 다른 사람들의 경험을 통해 배우는 것은 더욱 지혜로운 것이다. 자신의 경험만으로 모든 것을 배우기에는 인생이 너무도 짧다. 그리고 교회 공동체 안에 있는 모델과 멘토들에게서 배운 교훈들 덕분에 불필요한 고통을 피할 수도 있다.

나 자신에게 이런 질문을 던져 보자. "나의 삶에 가장 긍정적인 영향을 끼쳤던 것은 무엇인가?" 설교, 세미나 혹은, 주일학교에서의 가르침이라고 대답하는 사람은 거의 없을 것이다. 아마도 대부분 개인적인 관계를 통해 자신의 삶을 다듬어 준 어떤 사람이라고 대답할 것이다.

하나님께서는 교회를 창조하시고, 그 교회를 우리에게 유익이 되는 좋은 모델과 멘토들로 가득 채워 주셨다. 그러므로 영적 성장을 위해서는 어떤 성장을 위한 소그룹 모임에 속하는 것이 절대적으로 필요하다. 특히 교회에 있는 소그룹 모임은 우리에게 정기적으로 배울 수 있는 기회를 제공한다.

잠시 시간을 내어 내가 본받고 싶은 사람들의 명단을 적어 보

라. 그리고 특별히 그들로부터 배우고 싶은 것이 무엇인지를 구체적으로 생각해 보라. 모델이나 멘토가 되기 위해 완전한 사람이 되어야 하는 것은 아니다. 만약 완전한 사람이 되어야 한다면 예수님 외에 그 누구도 우리를 도울 수 없을 것이다.

아울러 영적으로 성장하기 위해 나 자신이 기꺼이 다른 사람들을 위한 모델과 멘토가 되어야 한다. 누군가의 모델과 멘토가 된다는 것은 두려운 일이다. 하지만 상대방보다 한 발짝만 앞서 나가면 된다. 사람들은 이미 내가 완전한 사람이 아님을 알고 있고 그런 기대도 하지 않는다. 오로지 그들이 원하는 것은 정직이다. 그러므로 사람들에게 승리하는 모습만이 아닌 고심하고 애쓰는 모습을 보여 주어야 한다. 우리는 일반적으로 다른 사람들의 강점을 통해 성장하는 것만큼 그들의 약점을 통해서도 성장한다.

서로를 세워 주는 격려

세상을 살면서 이런 말들을 자주 들으며 살고 있는가?
"너는 별로 똑똑하지 못해."
"너는 별로 날씬하지 않아."
"너는 항상 상황판단이 늦어."

이런 말들은 일종의 죽이는 말이다. 성경은 "죽고 사는 것이 혀의 힘에 달렸나니 혀를 쓰기 좋아하는 자는 혀의 열매를 먹으리라"(잠 18:21)고 말했다.

사람들이 말로 인해 죽기도 하고 죽이기도 하는 이 세상에서 우리는 살리는 힘을 발휘해야 한다. 사람들에게 "당신은 나에게 중요한 사람입니다. 당신의 삶은 귀중하고 목적이 있는 삶입니다. 하나님은 당신을 사랑합니다"라고 외쳐야 하는 것이다. 이렇게 던진 말이 어떤 사람에게는 목숨을 살리는 격려의 말이 될 수도 있다. 따뜻하고 위로가 되는 말로 사람들을 돕고 그들의 삶 가운데 하나님의 은혜가 넘친다면 이 얼마나 기쁜 일인가.

누가복음 13장을 보면 예수님이 18년 동안 조금도 몸을 펼 수 없었던 한 여인을 고쳐 주신 사건이 기록되어 있다. 안식일에 병을 고치신 예수님을 종교 지도자들이 힐난하자 주님은 사탄에게 매여 있던 '아브라함의 딸'을 매임에서 풀어 주었다고 대답하셨다. 예수님은 그 여인을 유대 민족의 영광스러운 자녀라 부르셨다. 그러나 이보다 더 중요한 것은 주님께서 안식일의 율법보다 그녀의 간절한 필요에 우선순위를 두셨다는 것이다.

'아브라함의 딸'이라는 말을 듣는 것은 그녀에게 이루 말할 수 없는 큰 축복이었을 것이다. 예수님은 그녀를 육체적으로 고쳐 주셨을 뿐 아니라 그녀를 인격적으로 세워 주셨다. 그녀는 주목할 만한 가치가 있는 사람이었고, 당장이라도 도움의 손길을 베풀어야 할 만큼 중요한 아브라함의 사랑스러운 딸이었다.

신약성경에서 '격려' 라는 단어는 종종 '곁으로 오다' 라는 의미로 사용된다. 우리의 격려자가 되시는 성령님이 우리 곁에 오셔서 예수님의 길을 가르치고 생각나게 하시는 것처럼(요 14:26) 우리도 서로의 곁으로 다가가 '서로 세워 주어야' 한다.

격려자가 되기 위해 먼저 할 일은 다른 사람들을 무시하거나 경멸하는 것을 멈추고 존중하고 높여 주는 것이다. 우리 주위에는 격려할 수 있는 기회와 격려가 필요한 사람이 항상 있다. 우리 모두는 주변 사람들의 유익을 생각하며 그들을 돌보아야 한다(롬 15:2). 그러면 그것이 그들을 세우는 일이 될 것이다.

내 입에서 나오는 격려의 말이 어떤 사람의 영혼을 회복시킬 수도 있고, 누군가의 괴로움을 덜어 줄 수도 있다. 성경은 "삼가 누가 누구에게든지 악으로 악을 갚지 말게 하고 서로 대하든지 모든 사람을 대하든지 항상 선을 따르라"(살전 5:15)고 말했다. 그러므로 어디서든 서로를 세워 주고 격려하는 훈련을 해야 한다. 우리가 서로 격려하기를 힘쓸 때, 근육이 강건해지듯이 서로를 강건하게 만들 것이다. 나만의 실천 방법을 간단하게 밝히면 다음과 같다.

> 첫째, 격려하기에 힘쓴다
>
> 오늘부터 계속 "나는 주변 사람들을 세워 주겠습니다"라고 서약한다. 사도 바울의 동역자였던 바나바의 문자적인 이름의 뜻은 '격려자'이다. 격려자가 되기 위해 힘쓸 때 우리가 미치게 될 영향력을 생각해 본다.
>
> 둘째, 다른 사람을 귀하게 여긴다
>
> 우리는 사람들이 하나님께 얼마나 귀하고 소중한 존재인가를 알아야 한다. 그들이 하나님께 귀하고 소중한 존재라면 우리에게도 똑같이 귀하고 소중한 사람들이다. 격려자는 다른 사람들이 가진 최선의 것을 이끌어내려고 노력하는 사람이다.
>
> 셋째, 진정 중요한 것에 초점을 맞춘다
>
> 예수님이 '아브라함의 딸'을 고쳐 주셨을 때 주님은 진정으로 중요한 것에 초점을 맞추셨다. 격려자가 되기 위해 나의 우선순위를 바꾸고 일과를 조정해야 한다. 그리고 빡빡한 일정보다도 더 귀하고 소중한 것이 사람들이라는 사실에 주목해야 한다.

이번 주에 누군가와 대화를 나눈다면 다음과 같은 말들이 가득하기를 바란다.

"나는 너를 믿어."

"정말 고마워."

"하나님이 너를 사용하고 계셔."

부디 격려하는 말을 꺼내는 데 용기를 가졌으면 한다. 모든 사람들에게 가장 큰 기쁨이 되는 좋은 소식, 바로 예수 그리스도가 우리 곁에 계시기 때문이다.

가르치며 동시에 배우는 자들

"세 사람이 모이면 그 중에 스승이 한 사람 있다"라는 말을 들어 봤을 것이다. 내가 그 안에 있다면 과연 나는 좋은 스승일까, 나쁜 스승일까? 분명한 것은 너와 나는 모두 가르치는 자라는 사실이다. 성경은 우리를 가르치는 자로 여기고 서로 가르치도록 격려한다. 사도 바울은 일반 평신도들에게 편지하면서 다음과 같이 말했다.

> "내 형제들아 너희가 스스로 선함이 가득하고 모든 지식이 차서 능히 서로 권하는 자임을 나도 확신하노라"(롬 15:14).

어떤 사람들은 재능을 가진 전문가만이 가르칠 수 있다고 생각한다. 그러나 우리는 모두 각자 나름대로의 자질과 능력을 소유하고 있다. 성경말씀을 읽고 의미를 되새기며 통찰력을 나눌 때, 경험을 바탕으로 조언을 해줄 때, 위기의 때에 지체들과 함께 기도할 때 우리는 이미 가르침을 베풀고 있는 것이다.

성경을 해석하고 신학적인 통찰력을 주는 것만이 가르치는 일이 아니다. 배우자를 사랑하고, 중요한 순간에 현명한 결정을 내리고, 나의 생각과 삶을 깨끗하게 유지하며, 그에 대한 지식을 서로 나눔으로써 충분히 가르침을 베풀 수 있다.

바울은 우리가 '서로 조언' 해야 한다고 말한다. 이 말은 배우는 자가 되어야 한다는 의미이다. 아울러 다른 믿는 지체들이 삶 속에서 역사하시는 하나님에 대해 이야기할 때 그들의 말에 귀를 기울이고, "너희 안에 계신 그리스도"(골 1:27)가 다른 사람들 가운데서는 어떻게 임하시는지 서로 주목하여 바라보는 것이다.

성경이 역사상 가장 현명한 사람이었다고 말하는 솔로몬 왕은 친구들로부터 배우는 것이 정말 중요하다고 말했다(잠 12:15). 솔로몬은 잠언 15장 22절에서 다음과 같이 기록했다.

"의논이 없으면 경영이 무너지고 지략이 많으면 경영이 성립하느니라."

바울은 골로새서 3장 16절에서 우리가 어떻게 서로 배우고 가르칠 수 있는지를 일목요연하게 말해 주고 있다.

첫째, 그리스도의 말씀이 우리의 마음속에 거해야 한다

우리가 하나님의 말씀을 가르치기 위해서는 먼저 그것을 알아야 한다. 그리스도의 말씀을 듣고, 읽고, 공부하고, 암송하고, 묵상하면서 그것을 가슴 속에 간직해야 한다. 이렇게 할 때 우리는 지혜로운 사람이 되고 서로 가르치기 위해 필요한 지식을 얻게 된다(롬 15:14).

둘째, 하나님의 말씀으로 서로 가르치며 조언한다

이것은 인간적인 통찰력이나 경험만이 아닌 그 이상의 것을 말한다. 바울은 교회에 편지를 쓸 때마다 하나님의 진리로 서로 가르치고 격려하라고 믿는 자들에게 도전했다. 우리는 어떤 해답을 찾을 때 너무나도 자주 세상 사람들의 통념에 의지한다. 그러나 사실 세상 사람들이 간절히 필요로 하는 것은 하나님의 말씀 안에서 찾을 수 있는 영적 지혜다.

우리는 하나님의 지혜를 배우려고 노력하고, 그 깨달음을 단단히 붙잡아 하나님의 지혜를 삶에 올바로 적용해야만 한다. "훈계를 굳게 잡아 놓치지 말고 지키라 이것이 네 생명이니라"(잠 4:13).

교회 안에서 갖는 다양한 모임은 모든 지체들에게 지도자와 교사로서의 자질을 키울 수 있는 훌륭한 기회를 제공한다. 매주 돌아가면서 토의를 진행하고 모임을 인도하도록 해보라. 그렇게 하면 각각의 믿음과 은사가 자라는 데 도움과 격려가 되며 하나님으로부터 받은 특별한 것을 나누면서 서로 배우게 된다.

이런 모임에서 만들어지는 관계는 우연하게 형성된 것이 아니다. 모두 하나님의 계획하심에 따라 된 것이다. 공동체 안에 있으면서 우리는 다른 사람들에게 배우고, 또 우리가 다른 사람에게 가르침을 주기도 한다. 이 얼마나 놀라운 특권인가! 우주의 창조자이신 하나님께서 나를 택하시어 친구들을 가르칠 수 있도록 그들의 삶 속으로 보내 주셨다. 그리고 또한 내가 그들을 통해서 배울 수 있도록 그들을 나의 삶 속으로 보내 주셨다.

사랑과 지혜가 담긴 권면

때때로 '그건 나하고는 상관없는 일이니까' 하면서 이기적인 생각을 할 때가 있다. 하지만 이 세상에서 나와 상관없는 일이란 없다. "철이 철을 날카롭게 하는 것같이"(잠 27:17) 우리는 그리스도를 본받기 위해 서로 격려하고 보호해야 한다. 그러므로 우리를 사랑하고 우리에게 권면해 줄 수 있는 사람이 삶 가운데 필요한 것이다.

하나님께서는 우리가 '서로에게 진리를 말하기' 원하신다. 왜냐하면 우리는 한 몸 안에서 서로 지체이기 때문이다. 권면은 단순히 비난하는 것이 아니다. 더욱 성숙한 행동을 취하고 하나님의 목적을 깨달을 수 있도록 이끄는 긍정적인 것이어야 한다. 권면은 회복시키기 위한 훈계이다. 그러므로 권면을 받는 사람이 잘못을 고칠 수 있도록 겸손한 마음과 자애로운 말로 사랑의 권면을 해야 한다.

사도 바울은 다음과 같이 말했다.

"그러므로 여러분이 일깨어 내가 삼 년이나 밤낮 쉬지 않고 눈물로 각 사람을 훈계하던 것을 기억하라"(행 20:31).

바울의 고백 속에서 열정과 사랑이 느껴지지 않는가? 사랑하는 마음과 헌신으로 권면한다면 그 권면을 잔인하고 비열한 말로 들을 사람은 아무도 없다. 사실, 다른 사람에게 권면한다는 것은 우리가 그 사람을 얼마나 사랑하는가를 보여 주는 것이다.

한편 권면하는 것도 중요하지만 나 자신이 다른 이의 권면을 기꺼이 받아들일 줄도 알아야 한다. 차를 운전하다 보면 운전자가 미처 보지 못하는 '사각지대'가 있다. 이때 운전자는 사각지대를 보기 위해 함께 탑승한 사람의 도움을 받는다. 차가 위험한 길로 들어서고 있다는 것을 알면서도 그냥 내버려둔다면 그 사람은 진정한 친구가 아닐 것이다. 운전자에게 경고하는 것은 운전 실력을 탓하는 것이 아니라 바른 길로 운전할 수 있도록 돕는 것이다. 이렇듯 '사각지대'는 우리에게 권면의 기초가 무엇인지 알려 준다. 우리 모두는 자신이 보지 못하는 '사각지대'를 가지고 있다. 그러므로 우리에게 다가오는 위험을 볼 수 있도록 돕는 친구가 필요하다.

"오직 오늘이라 일컫는 동안에 매일 피차 권면하여"(히 3:13) 위험이 다가오는 순간을 놓쳐서는 안 된다. 경고하는 일을 지체하면 참사만 부를 뿐이다. 사람들은 누군가의 일에 참견하는 것을 안 좋게 보는 경향이 있다. 하지만 그 참견과 권면이 사랑과 지혜가 담긴 것이라면 많은 부부가 파탄을 면하고, 많은 이들이 관계를 회복하고, 잘못된 결정을 피하게 될 것이다.

그리스도인 친구나 교회 모임 가운데 권면이 필요한 사람은 없는가? 어쩌면 지금 누군가 자신의 잘못된 삶 때문에 괴로워하는 이가 있을지도 모른다. 냉소적인 태도를 보이는 사람, 불륜을 저지른 사람, 빚을 진 사람, 일중독에 빠진 사람에게 권면하려 할 때 그들은 이런 말로 핀잔을 줄 것이다. "당신과는 상관없는 일이야. 당신이 뭔데 남의 일에 참견이야? 당신 일에나 신경 쓰라고!" 그러나 그것은 분명히 우리가 해야 할 일이다.

나를 낮추는 연습

하나님께서는 우리가 자신을 버리고 다른 사람들을 위해 살도록 만드시고 계획하셨다. 예수님의 말씀과 생명의 길을 따라 살기를 원한다면 나보다 남을 먼저 생각해야 한다. "누구든지 제 목숨을 구원하고자 하면 잃을 것이요 누구든지 나를 위하여 제 목숨을 잃으면 찾으리라"(마 16:25).

두 사람이 다리를 한쪽씩 묶고 달리는 일인삼각 경기에서는 자신이 먼저 앞서 나가려고 하면 오히려 다리가 엉키고 시합을 망치게 된다. 이런 작은 경기에서도 양보와 배려가 필요한데 우리 삶의 중요한 문제 앞에서는 어떠하겠는가. 다른 사람을 나보다 우선시하는 것은 바로 그리스도를 위해 자신을 희생한다는 의미이다. 우리는 공동체 속에서 살고 있다. 그러므로 '나' 대신에 '우리', '나의 것' 대신에 '우리의 것'을 먼저 생각해야 한다. 성경은 "누구든지 자기의 유익을 구하지 말고 남의 유익을 구하라"(고전 10:24)고 말했다.

"존경하기를 서로 먼저 하라"(롬 12:10)는 성경말씀처럼 자신을 조력자의 위치에 두고 다른 사람들을 더 우선시하려면 생각하는 방식을 바꾸어야 한다. 이 세상에서 우리는 매일 자기중심적인 삶을 살도록 유혹을 받는다. 그러나 사도 바울은 나보다 다른 사람을 더 존중하고 자신의 일만 돌아보지 말고 서로의 일도 돌아보라고 강하게 도전한다(빌 2:3-4).

다른 이를 먼저 생각하는 태도를 갖추기 위해서는 다음과 같은 노력들이 필요하다.

첫째, 경쟁심을 버려야 한다

어떤 사람과 건전하지 못한 경쟁 관계가 계속되고 있지는 않는지, 언제나 다른 사람을 최고로 여기려고 노력하고 있는지 점검해 볼 일이다.

둘째, 자존심을 버려야 한다

항상 나의 주장만 내세우려 하지는 않았는지, 자신이 틀렸을 때 기꺼이 잘못을 인정했는지 생각해 보자.

셋째, 더 많이 배려해야 한다

주변 사람들에 대해 주의 깊게 배려하는지, 언제 어디서나 자신의 권리만을 주장하지는 않는지, 가족들의 필요에 대해 신경 쓴 적이 있는지 곰곰이 떠올려 보자.

자신보다 다른 사람을 더 우선시하는 것은 엄청난 도전이다. 우리의 의지와 힘만으로는 어려운 일이기 때문이다. 그러므로 그렇게 할 수 있도록 우리를 도우시는 그리스도의 능력에 의지해야 한다. 바울은 "그리스도를 경외함으로 피차 복종하라"(엡 5:21)고 했다. 그리스도를 진정으로 경외할 때 우리는 다른 사람을 자신보다 우선시할 수 있는 힘을 얻게 된다. 생각하는 방식을 바꾸면 행동도 다음과 같이 변화하기 시작할 것이다.

첫째, 다른 사람이 자신의 이야기를 나눌 때 중간에 끼어들어 해석하려 하지 말고 끝까지 들어 준다.

둘째, 다른 사람이 식당을 선택하도록 한다.

셋째, 관심을 가지고 집중하여 다른 사람의 이야기를 듣는다.

넷째, 다른 사람에게 공로를 돌린다.

다섯째, 다른 사람의 성공을 진심으로 축하한다.

여섯째, 사심 없이 소그룹 모임을 섬긴다.

일곱째, 다른 사람의 필요를 위해 열심을 다해 지속적으로 기도한다.

"주는 것이 받는 것보다 복이 있다"(행 20:35)는 진리를 깨닫고, 나의 삶 가운데 다른 이들을 우선시하는 모습들을 채워 나간다면 놀라운 기쁨을 발견할 것이다.

은혜와 회복을 위한 고백

성경에 나오는 '고백한다' 라는 단어의 문자적인 의미는 '사실 그대로를 말하다' 라는 뜻이다. 그러므로 우리가 고백할 때는 하나님께서 지적하신 죄를 사실 그대로 말해야 한다. 이 말은 나의 죄를 인정하고 책임을 져야 한다는 뜻이다. 단지 내가 무엇인가를 잘못하고 있다는 것을 깨달았기 때문에 하는 고백이 아니라, 하나님의 말씀에 순종하고 하나님을 기쁘시게 하고자 하는 회개의 마음으로 하는 고백이어야 한다.

그러면 우리는 누구에게 고백해야 하는가? 예수님께 고백해야 하는가, 아니면 사람들에게 고백해야 하는가? 대답은 '양쪽 모두' 다. 성경은 예수님과 사람들 양쪽 모두에게 고백해야 한다고 가르친다. 사도 요한은 다음과 같이 기록했다.

"만일 우리가 우리 죄를 자백하면 그는 미쁘시고 의로우사 우리 죄를 사하시며 우리를 모든 불의에서 깨끗하게 하실 것이요"(요일 1:9).

오직 예수님만이 우리의 죄를 용서하실 수 있으며, 우리가 언제 어디서든 주님께 나아가서 회개하기만 하면 그분은 우리를 용서해 주신다는 사실을 성경은 분명히 말하고 있다.

또한 용서는 하나님과의 교제와 관계된 문제이지, 하나님의 자녀인 우리의 자격과 관계된 것이 아님을 분명히 알아야 한다. 죄를 고백하는 것은 하나님 자녀로서의 자격을 다시 얻기 위함이 아니다. 우리가 비록 죄를 범했을지라도 우리는 여전히 하나님의 가족이다. 그러므로 죄를 고백하는 것은 하나님과의 교제를 회복하기 위한 것이다.

한편 우리는 자신의 죄를 다른 사람들에게 고백할 줄도 알아야 한다. "너희 죄를 서로 고백하며 병이 낫기를 위하여 서로 기도하라 의인의 간구는 역사하는 힘이 큼이니라"(약 5:16). 야고보는 서로간의 고백이 용서받기 위함이 아니라 '고침 받기 위함'이라고 말한다. 용서는 하나님으로부터만 받을 수 있다. 그러나 고침은 관계 안에서 고백을 통해 얻을 수 있다. 야고보가 말하는 '고백'은 집요한 추궁의 결과가 아니라 자발적으로 죄를 인정하고, 회개하고, 뉘우치는 마음에서 우러나오는 것이다. 성경은 "허물이 있을 때에는 아무 일에 잘못하였노라 자복하라"(레 5:5)고 했다. 죄를 지었으면 그 사실을 즉시 고백해야 한다.

그렇다면 죄는 언제 어디서 고백할 수 있을까? 대부분의 그리스도인들이 교회에서 예배 시간에 죄를 고백하는 일은 없다. 우리가 교회 생활을 하면서 야고보서 5장 16절의 말씀을 실천해 볼 수 있는 장소가 있다면 그곳은 바로 소그룹 모임이다. 죄를 고백하는 일은 안정감을 주고 조건 없는 사랑으로 가득한 환경에서만 가능하기 때문이다.

죄를 고백하는 일에는 비밀을 지켜 주는 것이 수반된다. 비밀이 보장된다는 신뢰가 있을 때 비로소 자신의 속마음을 솔직하게 털어놓을 수 있다. 아울러 소그룹 모임은 반드시 은혜의 장소가 되어야 한다. 즉, 사람들이 무엇을 고백하든 그 사람을 품고 사랑해야 하는 것이다.

그런데 왜 하나님께서는 우리가 서로의 죄를 고백하기 원하시는가? 거기에는 적어도 두 가지 분명한 이유가 있다.

첫째, 하나님의 은혜와 용서는 성경을 통해서도 깨닫지만, 주위 친구들의 말 속에서도 그분의 사랑을 느낄 수 있다

죄를 고백한 후에도 지체들의 사랑과 관심이 변함없이 따뜻할 때, 우리는 하나님의 사랑과 용서를 몸으로 생생하게 느끼게 되는 것이다.

둘째, 고백은 숨겨진 것의 힘을 약화시킨다

치유는 비밀스럽게 숨겨져 있던 것을 드러내 보이는 것에서부터 시작된다. 고백을 통해 나오는 거짓 없는 순수함에는 정결케 하고 자유하게 하는 힘이 있다. 아울러 소그룹 모임은 곁에서 지지하고 기도해 주는 역할을 한다. 죄를 고백하는 목적은 치욕과 모욕을 당하기 위해서가 아니라 은혜와 회복을 얻기 위해서다.

셋째, 어떤 사람이 우리에게 죄를 고백했을 때 우리는 이렇게 행동해야 한다

> 첫째, 따뜻한 마음으로 들어 주라.
> 둘째, 애써 그 사람의 죄의 심각성을 축소하려고 하지 말라.
> 셋째, 어떤 것도 바로잡으려고 하지 말라.
> 넷째, 고백의 순간에는 상대방과 감정적으로 하나가 되어 그 사람과 함께 아파하라.
> 다섯째, 우리의 사랑과 하나님의 용서를 확인시켜 주라.
> 여섯째, "내가 어떻게 도울 수 있을까요?"라고 물으라.
> 일곱째, 그 사람을 위해 함께 기도하라.

고백에 대한 생각들은 때로는 낯설고 거북하게 느껴질 수도 있다. 하지만 이것은 성경적이고, 영적 건강을 위해서 중요하다. 지금 이 순간 하나님께서 내 삶의 감추어진 고백들에 대해 말씀하고 계시지는 않는지 귀를 기울여야 한다.

앙갚음을 제거하는 메스(mes)

믿는 자들로서 우리는 서로 관계 맺도록 부름 받았다. 그러기에 끊임없이 다른 사람들을 용서하고 다른 사람들로부터 용서받아야 한다. 그렇지 않으면 우리는 많은 근심과 절망에 빠지고 말 것이다.

어떤 사람에게서 상처를 받았을 때 그에게 보복할 것인가, 아니면 그를 용서할 것인가의 갈림길에 서게 된다. 이 질문에 대한 성경의 대답은 너무나 분명하다. "삼가 누가 누구에게든지 악으로 악을 갚지 말게 하고 서로 대하든지 모든 사람을 대하든지 항상 선을 따르라"(살전 5:15). 하나님의 진리의 법칙에 따르면 보복하지 않겠다고 말하는 것만으로는 충분하지 않다. 진심으로 용서하려는 마음을 가져야 한다. "서로 용서하기를 하나님이 그리스도 안에서 너희를 용서하심과 같이 하라"(엡 4:32).

성경을 보면 그리스도의 제자들에게 있어서 용서는 선택 사항이 아니었다. 하나님께서는 용서하지 않을 때 처하게 될 위험을 아시기에 용서에 대한 높은 기준을 설정해 놓으셨다. 마음속의 원한과 앙심이 결국 우리 자신을 철저하게 파괴시키고 마는 암적 존재라면, 용서는 그 앙갚음이라는 종양을 제거하는 메스(칼)다. 그렇다고 항상 용서할 수 있고, 단 한 번의 용서로 모든 문제가 해결된다는 것을 의미하지는 않는다. 어쩌면 피해 준 사람을 완전히 용서할 수 있을 때까지 계속 반복해서 용서해야 할지 모른다. 그러나 용서는 우리 자신이 선택할 수 있는 것이자 아울러 하나님께서 기대하시는 것이다.

골로새서에서 바울은 용서를 위한 기초와 동기를 제공한다.

"누가 누구에게 불만이 있거든 서로 용납하여 피차 용서하되 주께서 너희를 용서하신 것같이 너희도 그리하고"(골 3:13).

또한 로마서 5장 8절에서는 이렇게 말한다.

"우리가 아직 죄인 되었을 때에 그리스도께서 우리를 위하여 죽으심으로 하나님께서 우리에 대한 자기의 사랑을 확증하셨느니라."

우리를 용서하기 위해 예수님이 치르신 대가는 이루 말할 수 없이 크고 값진 것이었다. 하물며 그분께 용서받은 우리가 어떻게 다른 사람을 용서하지 않을 수 있겠는가.

그렇다면 용서는 어떤 의미를 지니고 있을까? 먼저, 용서는 마음속의 상처를 지우기 위한 정신 훈련이 아니다. 또한 상처받지 않은 것처럼 가장하는 것도 아니다. 용서는 나를 공격한 사람을 더 이상 공격하지 않는 것이다. 용서는 빚을 탕감해 주고, 나에게 상처 입힌 사람을 사면해 주기로 결단하는 것이다. 그러므로 상대방을 깊이 사랑해야 한다. 왜냐하면 "사랑은 허다한 죄를 덮기"(벧전 4:8) 때문이다.

다음은 용서하기 위한 몇 가지 방법들이다.

첫째, 사람에게 이야기하기 전에 먼저 하나님께 이야기한다

시편에서 다윗이 그랬던 것처럼 기도를 통해 하나님께 마음을 쏟아놓는 것이 중요하다. 분노, 상처, 불안정, 원한 등 자신의 감정을 솔직히 드러내며 하나님께 울부짖는다고 하나님께서 놀라거나 화를 내시지는 않는다.

둘째, 항상 먼저 다가간다

내가 피해자이든 가해자이든 상관없다. 예수님은 우리가 먼저 움직이라고 말씀하셨다. "그러므로 예물을 제단에 드리려다가 거기서 네 형제에게 원망 들을 만한 일이 있는 것이 생각나거든 예물을 제단 앞에 두고 먼저 가서 형제와 화목하고 그 후에 와서 예물을 드리라"(마 5:23-24).

셋째, 나 자신에게도 잘못이 있음을 고백한다
진지하게 관계의 회복을 생각한다면 더욱 자신의 실수나 죄를 인정하는 일부터 시작해야 한다. 예수님은 그것이 상황을 더 명확하게 보는 방법이라고 말씀하셨다. "외식하는 자여 먼저 네 눈 속에서 들보를 빼어라 그 후에야 밝히 보고 형제의 눈 속에서 티를 빼리라"(마 7:5).

지금 이 순간 잠시 모든 것을 멈추고 용서가 필요한 사람에 대해 하나님과 진솔한 대화를 나누어 보면 어떨까? 하늘에 계신 우리 아버지는 우리가 상처에서 벗어나는 것이 쉬운 일이 아님을 아신다. 그러나 하나님께서는 우리가 용서할 수 있는 은혜를 주실 것이다. 그러므로 지금 당장 용서하자. 그러면 놀라운 기쁨과 은혜가 삶 가운데 찾아올 것이다.

◆ 더불어 삶을 사는 자의 자기 점검 ◆

1. 나의 영적 성장을 위해 누구를 나의 모델과 멘토로 삼을 것인가? 또한 나는 누구에게 기꺼이 본이 될 것인가?

2. 어떻게 하면 주변 사람들에게 지속적인 격려자가 될 수 있을까?

3. 내가 용서해야 할 사람이 있다면 언제 그를 용서할 것인가? 반대로 내가 부당하게 대한 사람이 있다면 언제 그에게 용서를 구할 것인가?

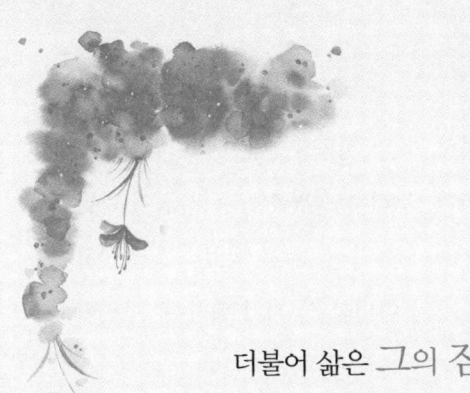

5장
더불어 삶은 그의 짐을 나누어지는 것

너희가 짐을 서로 지라 그리하여 그리스도의 법을 성취하라 갈라디아서 6장 2절

무거운 나무 십자가를 예수님과 함께 어깨에 지고 간 구레네 시몬처럼, 우리는 지체들의 짐을 대신 지기 위해 그들의 삶 속으로 들어가야 한다. 마틴 루터는 이것을 '상호적인 사랑의 법'이라 불렀다. 믿는 자들의 공동체에 속한 우리는 함께 협력하여 수많은 삶의 도전들을 이겨 나가야 한다(갈 6:2).

섬기기 위한 전제 조건

많은 사람들이 선교사와 목사, 교회 지도자들만이 하나님으로부터 부름을 받았다고 생각한다. 그러나 성경은 모든 사람이 다른 사람들을 섬김으로써 하나님을 섬기도록 부름 받았다고 밝히고 있다. 우리는 '섬김을 통해서'가 아니라 '섬기기 위하여' 구원받은 것이다.

"형제들아 너희가 자유를 위하여 부르심을 입었으나 그러나 그 자유로 육체의 기회를 삼지 말고 오직 사랑으로 서로 종노릇 하라"(갈 5:13)는 성경 구절을 살펴보면 서로 섬김으로써 하나님을 섬기는 일에 관한 세 가지 관점이 나타나 있음을 알 수 있다.

첫째, 서로 섬기기 위한 기본적인 토대는 구원이다

바울은 "너희가 자유를 위하여 부르심을 입었다"고 말한다. 우리는 예수 그리스도를 통한 자유함을 얻지 않고는 하나님을 섬길 수 없다. 자유함은 섬김을 위한 전제 조건이 된다. 삶을 변화시키는 하나님의 능력 안에서 은혜를 체험하지 않는 한 우리는 자신의 습관, 상처, 다른 사람들에 대한 반감 등에 사로잡혀 있을 수밖에 없다. 용서에 대한 자유함이 없으면 잘못된 목적을 위해 섬기게 된다. 다른 사람으로부터 인정받기 위해, 자신의 고통으로부터 도망치기 위해, 죄책감에서 벗어나기 위해, 하나님을 감동시키기 위해 섬기게 된다. 이런 잘못된 목적이 동기가 된 섬김은 우리를 완전히 탈진하게 만들고 결국은 쓰라린 고통으로 결말을 맺게 한다.

둘째, 다른 사람을 섬기는 데 방해가 되는 것은 이기심이다

바울은 "자유로 육체의 기회를 삼지 말고"라고 경고한다. 다른 사람을 섬기는 데 할애할 에너지와 시간이 부족하다고 생각하는가? 그것은 자신만의 계획, 욕망, 만족에 사로잡혀 있기 때문이다. 1960년대 말, '히피족' 열풍이 샌프란시스코에서 시작되어 미국 전역을 휩쓸었다. 히피족은 권위에 반항하고 프리섹스와 마약에 탐닉함으로써 자신들의 자유를 과시했던 대학생들이 주를 이루었다. 그들은 골든게이트 파크에서 잠자리를 해결하고, 직업을 갖는 대신 길거리에서 구걸하며 생활했다. 그들은 당당하게 스스로를 '반문화인'이라 칭했지만 그들도 세속 문화에 속한 대부분의 사람들이 하는 행동을 그대로 따랐다. 즉 쾌락에 탐닉했던 것이다.

오늘날 텔레비전 광고는 우리를 향해 이렇게 소리친다. "당신의 욕망에 복종하라! 당신이 하고 싶은 대로 하라! 당신에게 가장 좋은 것을 행하라! 최고의 것을 찾으라!" 그러므로 오늘날 대부분의 사람들은 다른 사람을 섬기는 것보다 '우리 자신을 섬기는 일'에 더 관심이 많다.

결국 다른 사람을 섬기는 일이야말로 진정으로 이 시대의 자기중심적인 문화에 대적하는 삶의 방식이라 할 수 있다. 자신의 일만 돌아보기보다는 다른 사람의 필요를 위해 애쓰고 그들의 일을 돌아보며 사는 것이 훨씬 더 혁명적인 삶이다. 오직 극소수의 사람들만이 다른 사람들을 섬기면서 살아간다. 그러나 예수님은 이렇게 말씀하셨다. "누구든지 자기 목숨을 구원하고자 하면 잃을 것이요 누구든지 나와 복음을 위하여 자기 목숨을 잃으면 구원하리라"(막 8:35).

셋째, 섬김의 동기는 사랑이어야 한다

바울은 "오직 사랑으로 서로 종노릇 하라"고 말했다. 이것은 공동체를 세우는 데 있어 중요한 핵심이다. 사랑이 없는 섬김은 하나님 보시기에 아무것도 아니다. 고린도전서 13장 3절은 "내가 내게 있는 모든 것으로 구제하고 또 내 몸을 불사르게 내줄지라도 사랑이 없으면 내게 아무 유익이 없느니라"고 말한다. 하나님께서는 우리가 사람들을 얼마나 잘 섬기는가보다는 무엇 때문에 섬기는가에 더 관심이 많으시다. 그분은 언제나 우리의 중심을 보신다.

다른 이들을 섬길 수 있는 방법들은 여러 가지가 있다. 하지만 이것이 강요나 의무감으로 행해져서는 안 된다. 자원하는 마음으로, 주님의 사랑으로, 그리고 주님께서 우리를 위해 행하신 모든 것에 감사하는 마음으로 열심을 다해 섬겨야 한다.

이 땅에서의 섬김은 영생을 위한 연습이며 다른 사람들을 섬길 때 우리의 모습이 예수님을 가장 많이 닮아 있다. 제자들의 발을 씻기신 후에 예수님은 다음과 같이 말씀하셨다. "내가 너희에게 행한 것같이 너희도 행하게 하려 하여 본을 보였노라"(요 13:15).

상호적인 사랑의 법

우리가 겪고 있는 치명적인 상실, 절망적인 환경, 고통스러운 질병 등 삶의 무거운 짐은 더불어 삶을 사는 공동체 안에서 덜어 주어야 한다. 그 삶의 짐들은 우리를 완전히 전복시키고 파괴할 수 있는 위협적인 것들이다. 마치 예수님이 골고다를 향해 지고 가신 육중한 십자가의 무게처럼 우리를 무겁게 짓누르고 무기력하게 만든다.

그러나 무거운 나무 십자가를 예수님과 함께 어깨에 지고 간 구레네 시몬처럼, 우리는 지체들의 짐을 대신 지기 위해 그들의 삶 속으로 들어가야 한다. 마틴 루터는 이것을 '상호적인 사랑의 법'이라 불렀다. 믿는 자들의 공동체에 속한 우리는 함께 협력하여 수많은 삶의 도전들을 이겨 나가야 한다(갈 6:2).

서로 돕고 사랑하는 것은 '그리스도의 법'을 성취하는 것이다. 가정에서, 직장에서, 결혼 생활에서, 건강 문제에서 어려움이 닥칠 때 서로 협력하여 돕는 것이 혼자보다 훨씬 낫다. 우리는 결코 우리를 떠나지도 않고 버리지도 않으시는 하나님의 약속을 의지하며 살아가야 한다(신 31:6). 그리고 친구들과 가족들에게 동일한 하나님의 약속을 제시해야 한다. 삶의 어려움들을 함께 이겨 나가기 위한 기본 원리들은 다음과 같다.

첫째, 하나님께 마음의 문을 열라

위기를 만날 때 우리는 두려움, 분노, 걱정, 우울함, 원망, 무기력함 등의 감정을 느낀다. 그때 소그룹 모임은 나의 마음을 하나님과 친구들에게 마음껏 쏟아 부을 수 있는 훌륭한 곳이다(시 62:8). "여호와는 마음이 상한 자를 가까이 하시고 충심으로 통회하는 자를 구원하시는도다"(시 34:18). 예수님은 다음과 같이 말씀하셨다. "애통하는 자는 복이 있나니 그들이 위로를 받을 것임이요"(마 5:4).

둘째, 비탄에 잠긴 사람들을 따뜻하게 환영해 주라

위기 상황 가운데 있는 지체들을 혼자 내버려 두지 말아야 한다. 그들을 격려하고, 용기를 주고, 함께 있어 주는 것이 필요하다(잠 18:24).

셋째, 서로 감사하라

감사할 일과 이미 잃어버린 것이 아닌 아직 남아 있는 것을 생각하면서 고통에서 벗어날 수 있도록 서로 격려한다.

넷째, 진정한 가치에 초점을 맞추라

위기는 때때로 우리로 하여금 진정으로 중요한 것이 무엇인지를 깨닫게 하고 우리의 가치관을 바르게 재정립하도록 돕는다.

다섯째, 예수님을 의지하라

그리스도께서는 우리의 위기를 해결하시도록 한다. 하나님은 끝까지 그분의 자녀들을 보살피고 나쁜 일을 극복할 수 있도록 도우신다(시 112:6-7).

여섯째, 하나님의 지시에 귀를 기울이라

"여호와의 말씀이니라 너희를 향한 나의 생각을 내가 아나니 평안이요 재앙이 아니니라 너희에게 미래와 희망을 주는 것이니라"(렘 29:11).

일곱째, 하나님 도움의 손길을 신뢰하라

"하나님은 우리의 피난처시요 힘이시니 환난 중에 만날 큰 도움이시라 그러므로 땅이 변하든지 산이 흔들려 바다 가운데 빠지든지 바닷물이 솟아나고 뛰놀든지 그것이 넘침으로 산이 흔들릴지라도 우리는 두려워하지 아니하리로다(셀라)"(시 46:1-3).

많은 사람들이 인생을 살면서 불가피하게 위기를 만난다. 그들이 위기를 만날 때, 우리는 마치 자신의 위기인 것처럼 여기고 그들을 실제적이고 지속적으로 격려하고 도와야 한다. 언젠가는 우리 역시 어려운 시간들을 이겨 내기 위해 다른 사람들의 도움을 필요로 하게 될 테니 말이다.

함께 협력해서 일할 때, 우리는 확신을 가지고 이렇게 말할 수 있다.

"우리는 감당하기 어려운 환난을 당해 삶의 소망조차 없었습니다. 마음속으로 사망 선고를 받았다는 느낌마저 들었습니다. 그러나 이렇게 된 것은 우리 자신을 의지하지 않고, 죽은 자를 살리시는 하나님을 의지하도록 하기 위해서였습니다. 하나님께서는 이렇게 무서운 죽음의 위기에서 우리를 구원하셨으며 앞으로도 구원하실 것입니다. 우리는 하나님께서 계속해서 우리를 구원해 주실 것이라는 소망을 하나님께 두겠습니다."

아낌없이 나누는 삶

우리에게는 생각보다 남들에게 나누어줄 것들이 훨씬 많다. 초대교회는 이 사실을 잘 알고 있었다. 사도행전 2장 44절은 초대교회 성도의 공동생활에 대해 설명해 준다. "믿는 사람이 다 함께 있어 모든 물건을 서로 통용하고." 초대교회는 교회 안에서 누군가에게 부족한 것이 있으면 모든 성도가 함께 협력하여 필요를 채워 주었다. 어떤 성도는 성령의 이끌림을 받아 자신의 재산을 팔아 돈이 필요한 사람들에게 주기도 했다(행 4:34-35).

이것을 놓고 공산주의라고 말하는 사람이 있다면 그의 생각은 아주 잘못된 것이다. 초대교회가 보여 준 것은 공동체 생활이었다. 이는 우리가 필요 이상의 것을 소유하는 것이 옳지 않은 일임을 깨닫게 한다. 또한 우리 각자가 하나님으로부터 받은 것이 무엇이든 간에 그것을 다른 사람들에게 나누어 주어야 함을 인정하게 한다.

우리가 가진 모든 것은 그리스도 안에서 영적인 하늘의 복을 우리에게 내려 주시는 아버지의 '온전한 선물'(약 1:17)이다. 하나님께서 우리에게 아낌없이 후하게 주셨으므로 우리도 다른 사람들에게 아낌없이 후하게 주어야 한다.

물론 다른 사람에게 나누어 줄만큼 많은 돈이 없을 수도 있다. 그러나 자신의 시간과 재능은 나누어 줄 수 있다. 이것은 아낌없이 나누어 주는 데 있어 아주 중요한 부분이다. 또한 풍족하게 가지고 있는 소유물들이 있다면 후하게 나누어 줄 수 있어야 한다.

옷장에 쌓여 있는 옷들을 정리해 나눠 주고, 여분의 물건들과 쓰지 않는 것들을 필요한 사람들에게 나누어 줄 때 다른 사람들이 받을 축복을 상상해 보라. 이런 물품들을 나누어 주는 것은 아무런 요구나 대가 없이 그저 주는 무조건적인 사랑이다. 그렇다고 모든 것을 누군가에게 거저 나눠줘야만 하는 것은 아니다. 상황에 따라 거저 줄 수는 없지만 빌려 줄 수 있는 것들도 많다.

만약 이러한 것들을 나누고 있지 않다면 믿는 자들의 공동체가 하나님의 완전한 은혜를 경험할 수 있는 기회를 가로막고 있는 것이다. 아울러 우리는 하나님께서 맡기신 것을 잘못 사용하는 부정한 청지기가 된다. 다시 말해, 많은 사람들을 위해 널리 사용하라고 하나님께서 주신 선물이 그 원래의 목적대로 사용되고 있지 않은 것이다. '나는 과연 형제자매들 간에 서로 나누는 삶의 기쁨을 느끼며 살아가고 있는가?' 라고 스스로에게 질문을 던져 보아야 할 때다.

서로 아낌없이 나누는 것을 배워야 하는 또 다른 이유는 온 세상 사람들에게 아낌없이 나누어 주는 믿음을 갖게 하기 위해서다. 세계 인구의 약 절반 정도 되는 사람들이 2달러도 안 되는 생활비로 하루를 살아가고 있다. 이런 때에 우리가 함께 나누는 생활을 한다면 제3세계 나라들의 생활수준을 향상시킬 수 있다. 즉, 다른 지체들에게 집안의 물건을 빌려 주거나, 옷장에 쌓여 있는 옷들을 나누어 주면 금전적으로 절약할 수 있다. 그리고 절약한 돈을 모아 제3세계에 나누어 주면, 그들은 그 돈으로 한 달 이상을 살 수 있을 것이다!

이제 우리는 함께 나누는 것을 배우면서 이런 것들을 기억해야 한다.

첫째, 모든 것이 하나님께 속한 것임을 기억하는 것이다

우리의 모든 결실은 우리에게 씨앗을 주시고 농작물을 자라게 하신 하나님께로부터 온 것이다. "심는 자에게 씨와 먹을 양식을 주시는 이가 너희 심을 것을 주사 풍성하게 하시고 너희 의의 열매를 더하게 하시리니"(고후 9:10).

둘째, 즐거운 마음으로 나누어 주는 것이다

하나님은 우리의 재물을 원하시는 것이 아니라 마음을 원하신다(마 6:21). 우리는 어떤 동기를 가지고 나누어 주는가? 바울은 "하나님은 즐겨 내는 자를 사랑하시느니라"(고후 9:7)고 말했다.

셋째, 억지로 나누어 주지 말아야 한다

하나님은 각자가 마음에 결정한 대로 나누기를 원하신다. 다시 말해 내키지 않는 마음으로는 나누지 말라는 의미이다(고후 9:7). 만약 나누는 일에 어떤 중압감을 느낀다면 그것은 진정한 나눔이 아니다. 하나님은 우리가 신중히 생각한 후에 자원하는 마음으로 나누기를 원하신다. 그러므로 누군가와 나눌 때는 우리 마음속의 동기를 살펴야 한다.

성경은 이렇게 약속하고 있다. "구제를 좋아하는 자는 풍족하여질 것이요 남을 윤택하게 하는 자는 자기도 윤택하여지리라"(잠 11:25). 아낌없이 후하게 나누어 주는 삶을 배우라. 그러면 나의 삶이 더욱 풍요롭게 될 것이다.

자신을 아는 겸손

섬기는 종의 삶에는 일종의 '자아 망각'이 요구된다. 다시 말해, 다른 사람들의 일을 돌아보며 섬기기 위해서는 자기 자신을 잊을 수 있어야 하는 것이다. 우리는 근본 하나님과 본체시나 스스로 자기를 비워 종의 형체를 가지신 그리스도를 닮은 태도를 키워야만 한다(빌 2:6-7). 그러고 나서 우리의 이웃을 돌보고 '어떻게 그들을 도울 수 있을까?'를 스스로에게 물어야 한다.

어느 날 밤 예수님은 제자들의 발을 씻기시면서 '어떻게 사람들을 도울 수 있을까?'에 대한 해답을 제시하셨다.

> "저녁 잡수시던 자리에서 일어나 겉옷을 벗고 수건을 가져다가 허리에 두르시고 이에 대야에 물을 떠서 제자들의 발을 씻으시고 그 두르신 수건으로 닦기를 시작하여"(요 13:4-5).

다른 사람의 발을 씻기는 일은 그 당시로서는 가장 비천한 종의 일이었다. 그러나 예수님은 아무 말씀 없이 제자들의 발을 씻기시는 행동으로 제자들을 향한 그분의 사랑을 보여 주셨다. 주님은 자신의 죽음의 그림자가 온 다락방을 뒤덮고 있는 그 순간에도 자신의 필요보다 제자들의 필요를 우선시하셨다.

겸손의 핵심은 자신을 아는 것이다. 내가 누구인지를 알게 될 때, 사람들의 주목을 받는 대신 자유하는 마음으로 다른 사람의 발을 씻기기 위해 수건을 잡을 것이다. 예수님은 누군가가 자신을 종으로 오해하지는 않을까 고민하지 않으셨다. 왜냐하면 주님은 종으로서의 사역이 자신의 사명임을 아셨기 때문이다. 예수님은 사람들의 관심을 끄는 것보다 섬기는 일에 더 많은 관심을 기울이셨다.

누가복음 7장에 나오는 백부장의 겸손을 주목해 보자. 그는 자기 집으로 오고 계시는 예수님께 사람을 보내어 이렇게 말했다.

> "…주여 수고하시지 마옵소서 내 집에 들어오심을 나는 감당하지 못하겠나이다…말씀만 하사 내 하인을 낫게 하소서 나도 남의 수하에 든 사람이요 내 아래에도 병사가 있으니 이더러 가라 하면 가고 저더러 오라 하면 오고 내 종더러 이것을 하라 하면 하나이다"(눅 7:6-8).

백부장은 예수님이 자기 집으로 들어오시게 할 수도 있었다. 만일 예수님이 그의 집으로 오셨다면 그는 온 동네 사람들의 주목을 받았을 것이다. 그러나 그가 원하는 것은 동네 사람들의 관심을 끄는 것이 아니라 자신의 종이 고침을 받는 것이었다.

더욱 주목할 것은 백부장이 예수님에게 자기 자신을 설명하는 방식이다. 그는 자신의 높은 계급을 강조하지 않고 도리어 자신도 누군가의 수하에 있는 사람임을 강조하였다. 그는 다른 사람에게 명령할 수 있는 자신의 권위가 곧 다른 사람의 명령을 순종하는 자신의 능력과 상호 관계에 있음을 알고 있었다. 그리고 또한 자신의 권위와 가치는 계층상의 지위와는 아무런 상관이 없다는 사실도 알고 있었다.

간단히 말해, 겸손은 우리의 강점과 약점을 편견 없이 정확하게 평가하는 것이다. 우리는 자신의 모습과 재능을 잘 이해하고 인식해야 한다. 아울러 우리의 한계로 인해 고민할 필요도 없다. 우리가 가지고 있는 모든 것이 하나님께서 주신 선물이고, 하나님 없이는 그 모든 것이 아무런 소용이 없다는 사실을 알아야 한다.

예수님의 겸손을 닮아 가기 위한 첫 번째 단계는 우리를 향한 하나님의 측량할 수 없는 사랑을 온전히 깨닫는 것이다. 한없이 넓고 깊고 높은 하나님의 사랑이 우리 마음속에 충만할 때(엡 3:18-19), 모든 불안과 연약함은 사라지고, 진실로 겸손한 마음으로 다른 사람들을 섬길 수 있는 능력을 얻게 된다.

두 번째 단계는 우리의 계획을 하나님께 온전히 맡기는 것이다. 우리는 이렇게 기도해야 한다. "하나님, 그동안 저는 저만의 계획과 꿈, 목표, 목적을 가지고 살아왔습니다. 그러나 이제 하나님께서 이 땅에 저를 보내신 이유와 목적을 깨달았습니다. 그러므로 저의 계획이 아닌 제 삶을 향한 하나님의 계획을 따라 살고자 합니다. 이제는 저의 계획보다 하나님의 계획이 더 나음을 알기에 한 번에 한 걸음씩 하나님의 계획을 따라 나아가겠습니다."

은사로 다른 사람을 섬김

사도 바울은 "우리에게 주신 은혜대로 받은 은사가 각각 다르니"(롬 12:6)라고 기록하고 있다. 로마서 12장 7-8절에서 바울은 여러 가지 구체적인 영적 은사에 대해 이야기한다. 그러면서 특히 하나님께서 주신 은사가 다른 사람들을 섬기는 데 사용되어야 한다는 점을 강조하고 있다.

하나님은 '독창적인' 방법으로 은사를 사용하기 원하신다. 또한 그 은사가 무엇이든 간에 "하나님의 영광을 위하여"(고전 10:31) 사용되기를 원하신다. 하나님께서는 그분의 영광을 위해 사용되도록 우리에게 능력, 관심, 재능, 은사, 성격, 그리고 삶의 경험을 주셨다. 그러나 안타깝게도 하나님께서 주신 대부분의 은사들이 사용되지 않고 있으며, 심지어 개발되거나 인식되지 못하는 경우도 있다.

한 연구 자료에 따르면 보통 사람들은 평균 500에서 700가지의 기술과 재능을 소유하고 있다고 한다. 이 얼마나 놀라운 사실인가! 이런 모든 은사들은 그리스도의 몸을 위해 사용되어야 한다. 우리가 가진 은사가 너무 평범하더라도 걱정할 필요가 없다. 하나님께는 그 은사들이 영원히 중요한 것들이다. 예수님은 이렇게 말씀하셨다.

> "제자의 이름으로 이 작은 자 중 하나에게 냉수 한 그릇이라도 주는 자는 내가 진실로 너희에게 이르노니 그 사람이 결단코 상을 잃지 아니하리라 하시니라"(마 10:42).

우리의 서로 다른 성격은 다양한 색깔과 무늬로 하나님의 빛을 반영한다. 하나님은 인간을 다양하게 만드셨으며 이 세상에서 똑같은 사람은 아무도 없다. 이 말은 내가 다른 사람을 위해 하는 일을 어느 누구도 똑같이 따라할 수 없다는 뜻이다. 우리를 창조하시고 그리스도 예수 안에서 우리를 새 사람으로 변화시켜 주신 분은 하나님이시다. 또한 하나님께서는 이미 오래 전부터 우리의 삶을 다른 사람들을 돕는 데 헌신하도록 계획해 놓으셨다(엡 2:10).

자신의 은사와 능력을 평가하는 한 가지 방법은 나의 모습(S.H.A.P.E)을 바라보는 것이다. 각 요소의 첫 글자를 따서 만든

'S.H.A.P.E'는 나의 삶을 향한 하나님의 계획과 설계를 판단하는 데 도움을 줄 것이다.

S: 영적 은사들(Spiritual Gifts)

하나님은 사역을 위해 사용할 수 있도록 영적 은사를 주셨다(고전 12장; 롬 12장; 엡 4장).

H: 마음(Heart)

마음은 지금 하는 말, 느낌, 행동을 결정한다(잠 4:23; 마 12:34).

A: 능력(Abilities)

하나님은 그분의 목적을 성취하기 위해 우리에게 천부적인 재능을 주셨다. 출애굽기 31장 3절은 하나님께서 기술과 능력과 지식과 여러 가지 재능을 주셨다고 말한다.

P: 성격(Personality)

우리의 성격이 은사를 어떻게 사용할지 결정한다. 예를 들어, 두 사람이 같은 전도의 은사를 가졌지만 한 사람은 내성적이고, 한 사람은 외향적일 때 그 은사는 각기 다른 모습으로 나타난다.

E: 경험(Experience)

다섯 가지 영역의 경험 즉, 교육, 직업, 사역, 영적 경험, 고통스러운 경험들이 다른 사람을 섬기는 데 영향을 끼칠 것이다.

자신의 은사를 사용하여 다른 사람들을 섬기고, 하나님께서 행하라고 하신 일을 할 때 우리는 진정한 기쁨을 느낀다. 어린이용 기독교 애니메이션 "베지테일"〈Veggie Tales〉을 만들고, 그 애니메이션에서 '토마토'(Bob the Tomato)의 목소리를 연기했던 필 비셔(Phil Vischer)는 다음과 같이 말했다. "하나님의 뜻과 우리의 은사가 만나는 교차점보다 더 행복한 곳은 없다."

교차점에 서 있는 자신에게 이런 질문들을 던져 보자. 그리고 어떤 일을 가장 잘 할 수 있을지 섬기는 삶을 위해 나의 은사가 어떻게 사용될 수 있을지를 지체들의 도움을 받아 판단해 보자.

- 다른 사람들을 위해 내가 잘 할 수 있는 사역은 무엇인가?
- 다른 사람들에게 내가 가르칠 수 있는 것은 무엇인가?
- 다른 사람들에게 축복이 되기 위해 내가 할 수 있고, 줄 수 있는 것은 무엇인가?

진지한 섬김, 진지한 희생

믿는 사람들 중에는 전혀 희생하지 않거나 약간의 희생만 감수하며 살아가는 이들이 있다. 그들은 "하나님이 세상을 이처럼 사랑하사 독생자를 주셨으니 이는 그를 믿는 자마다 멸망하지 않고 영생을 얻게 하려 하심이라"(요 3:16)는 말씀을 또렷이 기억하며 살아간다. 하지만 요한일서 3장 16절은 그들에게 익숙하지 않은 말씀이다. "그가 우리를 위하여 목숨을 버리셨으니 우리가 이로써 사랑을 알고 우리도 형제들을 위하여 목숨을 버리는 것이 마땅하니라."

사도 바울은 우리가 하나님의 일꾼으로서 정당성을 얻기 위해서는 모든 일에 하나님의 일꾼답게 행동해야 한다고 여겼다.

> "오직 모든 일에 하나님의 일꾼으로 자천하여 많이 견디는 것과 환난과 궁핍과 고난과 매 맞음과 갇힘과 난동과 수고로움과 자지 못함과 먹지 못함 가운데서도 깨끗함과 지식과 오래 참음과 자비함과 성령의 감화와 거짓이 없는 사랑과 진리의 말씀과 하나님의 능력으로 의의 무기를 좌우에 가지고 영광과 욕됨으로 그러했으며 악한 이름과 아름다운 이름으로 그러했느니라 우리는 속이는 자 같으나 참되고 무명한 자 같으나 유명한 자요 죽은 자 같으나 보라 우리가 살아 있고 징계를 받는 자 같으나 죽임을 당하지 아니하고 근심하는 자 같으나 항상 기뻐하고 가난한 자 같으나 많은 사람을 부요하게 하고 아무 것도 없는 자 같으나 모든 것을 가진 자로다"(고후 6:4-10).

바울은 어떤 대가를 치르더라도 그리스도를 위해 다른 사람들의 삶을 풍성하게 하는 일은 가치 있는 희생이라고 여겼다(빌 3:7). 그는 받을 상급을 굳게 바라보며 달려갔으며, 십자가와 부끄러움 등 모든 것을 참으신 예수님을 좇았다. 예수님은 특권을 버리고 '종의 형체'(빌 2:7)를 취하였다. 그래서 주님을 믿는 사람들은 성령으로 보증과 구원과 인치심을 받았다.

우리는 날마다 다른 사람들의 희생을 통해 유익을 얻으며 살아간다. 한 예를 든다면, 우리가 매주일 모여서 예배드리는 교회 건물도 다른 사람들의 희생을 통해 유지되고 있다. 예배드리는 장소를 위해 얼마나 많은 사람들이 희생하고 있는지 생각해 본 적이 있는가? 우리보다 앞선 세대들은 우리를 위해 희생하였다. 이제 우리가 하나님의 뜻을 좇아 희생할 차례다(행 13:36). 하나님께서는 예수님이 우리를 위해 희생하셨던 것보다 더 많은 것을 요구하시지 않는다. 예수님은 우리 죄를 위한 화목 제물로 오셨으며 하나님께서 이처럼 우리를 사랑해 주셨으니 우리도 서로 사랑해야만 한다(요일 4:10-11).

그리스도와 같은 희생이란 다음과 같은 것이다.

첫째, 자발적인 희생

예수님은 자신의 생명을 빼앗긴 것이 아니라 스스로 내놓은 것이라고 말씀하셨다(요 10:18). 초대교회 순교자였던 스데반도 예수님처럼 자신의 생명을 자발적으로 바쳤다(행 7:59-60). 예수님은 우리에게 순교까지는 아니더라도 다른 사람들을 위해 우리의 욕심을 날마다 죽이기를 기대하신다(눅 9:23).

둘째, 대가를 감수한 희생

다윗 왕은 하나님께 희생제물을 드릴 때 아무런 대가도 치르지 않는 것을 드리지 않겠다고 말했다. 하나님을 섬기는 데는 대가가 따른다. 어쩌면 하나님은 우리의 꿈, 기대, 명성, 은퇴 후의 안락한 생활을 포기할 것을 요구하실 수도 있다. 하나님께서 우리에게 요구하시는 것이 무엇이든 간에 다른 사람들을 풍요롭게 하기 위해 우리는 그것을 포기해야만 한다.

셋째, 꾸준한 희생

우리는 '서로 사랑하는 데' 우리 자신을 쏟아 부어야 한다. 그리고 어쩌다가 가끔씩 하는 것이 아니라 지속적으로 꾸준히 해야 한다.

그렇다면 우리가 매일 희생할 수 있는 방법에는 어떤 것들이 있을까?

> 첫째, 주변 사람들을 돌보기 위해 시간을 투자하라.
> 둘째, 예수님을 드러내기 위해 자신의 명성을 포기하라.
> 셋째, 성도를 보호함으로써 당하게 될 거부 반응을 감수하라.
> 넷째, 선교를 위해 헌신하기 원하는 소그룹 지체들을 후원하라.
> 다섯째, 사역을 위해 자신의 휴가를 희생하라.

"너희 몸을 하나님이 기뻐하시는 거룩한 산 제물로 드리라"(롬 12:1)는 성경의 명령에 기꺼이 순종할 때, 서로의 섬김이 "하나님의 선하시고 기뻐하시고 온전하신 뜻"(롬 12:2)의 핵심이라는 사실을 발견하게 될 것이다.

두 사람이 한 사람보다 낫다

하나님께서는 우리가 하나님의 목적을 이루기 위해 하나님의 동역자가 되고, 서로의 동역자가 되도록 계획하셨다. "우리가 한 몸에 많은 지체를 가졌으나 모든 지체가 같은 기능을 가진 것이 아니니 이와 같이 우리 많은 사람이 그리스도 안에서 한 몸이 되어

서로 지체가 되었느니라"(롬 12:4-5).

하나님께서는 공동체가 하나 되기를 원하신다. 또한 공동체 안에 하나 되게 하는 영이 거하여, 우리가 "마음을 같이하여 같은 사랑을 가지고 뜻을 합하며 한마음을 품는"(빌 2:2) 자가 되기를 원하신다. 우리의 다양성은 이런 하나 됨을 창조하시려는 하나님 계획의 중요한 한 면이다. 우리는 모두 함께 모여 그리스도의 몸을 이루며, 비록 떨어져 있으나 각 지체는 한 몸에 꼭 필요한 부분이 된다(고전 12:27).

이런 모습은 주말마다 다양한 은사와 능력을 가진 사람들이 함께 모여 예배를 준비하는 교회에서 보게 된다. 어떤 사람은 청소를 하고, 어떤 사람은 행사를 계획하고, 어떤 사람은 가르칠 준비를 하고, 어떤 사람은 안내를 한다. 다른 사람들에게 예수님을 전하기 위해 애쓰는 한 사람 한 사람이 한 몸으로 연합하는 회중인 것이다. 그리스도의 몸의 다른 지체들인 세계 곳곳의 교회가 이와 비슷한 사역을 하고 있다.

우리는 다수의 이익을 위해 개인주의를 포기한 후에야 비로소 삶의 독특하고 구체적인 목적을 발견하게 된다. 우리의 마음과 생각은 하나님과 하나이며 다른 믿는 사람들과도 하나이다(요 17:21-22). 그리고 하나 된 공동체 안에서 안전하게 우리 개개인의 가치를 발휘할 수 있다.

하나님께서 예수님을 이 땅에 보내셨다는 사실을 세상에 전하는 사역은 실로 엄청난 것이다. 우리는 이 사역에 절대적인 동역자로 참여하게 되었다. 그러나 하나님 없이 이 일을 감당할 수는 없다. "오직 사랑 안에서 참된 것을 하여 범사에 그에게까지 자랄지라 그는 머리니 곧 그리스도라 그에게서 온몸이 각 마디를 통하여 도움을 받음으로 연결되고 결합되어 각 지체의 분량대로 역사하여 그 몸을 자라게 하며 사랑 안에서 스스로 세우느니라"(엡 4:15-16).

두 사람이 한 사람보다 낫다. 우리는 서로에게 연합된 지체라는 사실을 알아야 하며, 공동체로서 서로 의존하며 함께 사역을 시작하도록 도전받아야 한다. 자신이 속한 소그룹 지체들은 우연히 모인 것이 아니다. 분명히 하나님의 손길이 이때를 위하여 함께 사랑하고, 교제하고, 성장하고, 섬기고, 전도하고, 예배하는 것을 함께 배우도록 하기 위해 서로에게 필요한 지체로 모이게 하셨다.

소그룹 안에서 서로의 모습을 확인하고 인정하면서, 각 지체들의 장점이 무엇인지를 생각해 보는 시간을 가져야 한다. 또한 묵상 일기를 적으며 그리스도의 몸 안에서, 소그룹과 교회 안에서 나의 위치는 어디인지 생각해 보는 시간이 필요하다. 이 모든 것은 함께 사역하는 데 있어서 매우 중요한 과정이다.

◆ 더불어 삶을 사는 자의 자기 점검 ◆

1. 나는 내 소유물에 얼마나 집착하는가? 소유물의 주체가 나인가, 아니면 소유물인가?

2. 어떻게 다른 사람들을 섬김으로써 하나님을 섬기는 데 나의 능력을 사용할 수 있을까?

3. 많은 사람의 삶을 풍성하게 하기 위해 나는 어떤 희생을 감수할 수 있는가?

6장
더불어 삶은 함께 예배함으로 기쁨을 누리는 것

시와 찬송과 신령한 노래들로 서로 화답하며 너희의 마음으로 주께 노래하며 찬송하며
에베소서 5장 19절

함께 모여 드리는 예배는 혼자 드리는 예배와 비교할 수 없는 기쁨이 있다. 함께 노래하고 찬양할 때, 함께 기도하고 죄를 고백할 때, 함께 나누고 묵상할 때, 함께 헌금하고 헌신할 때, 믿음이 재확인되고 소망이 다시 힘을 얻으며 사랑이 새롭게 된다.

하나님이 계획하신 삶의 리듬

하나님께서는 한 주에 하루는 온전히 쉬라고 명령하셨다. 그분은 이 명령을 아주 중요하게 생각하신다. 그래서 하루를 쉬는 조항을 삶을 위한 열 가지 규례인 십계명에 포함시키셨다.

하루를 안식하는 것은 제4계명이며, 네 부모를 공경하라, 살인하지 말라, 간음하지 말라, 도적질하지 말라 등의 계명이 뒤따른다. 이것은 하나님께서 하루의 안식을 얼마나 중요하게 생각하시는가를 보여 주고 있다.

하루를 온전히 쉬면서 함께 모여 예배드리도록 정한 날을 안식일이라고 한다. 이 날은 다른 사람의 심부름을 하기 위한 날이 아니다. 밀린 일들을 마무리하기 위한 날도 아니다. 다른 모임을 계획하기 위한 날도 아니다. 이 날은 휴식하면서 함께 모여 예배를 드리는 날이다. 안식일을 지키는 것은 선택 사항이 아니다. 만약 매주마다 안식일을 지키지 않는다면, 그것은 십계명 중 하나를 범하고 있는 것이다. 매주마다 안식일을 지키는 것이 왜 그렇게 중요한가? 예수님은 다음과 같이 말씀하셨다.

"안식일이 사람을 위하여 있는 것이요 사람이 안식일을 위하여 있는 것이 아니니"(막 2:27).

예수님은 한 주간을 기준으로 볼 때 우리에게 가장 필요한 두 가지가 휴식과 다른 믿는 사람들과 함께 예배드리는 것이라고 여기셨다. 하루를 쉬는 것은 하나님께서 우리를 위해 계획하신 삶의 리듬 중 한 부분이다.

그러나 나는 매일 바쁘게 돌아가는 일상에서 토요일과 일요일이 주중보다 훨씬 더 바쁜 사람들을 종종 보게 된다. 그들은 가능한 한 많은 활동들을 주말로 몰아넣어 정신없이 보내면서 제대로 휴식을 취하거나 예배를 드리지 못한다. 그리고 다시 월요일을 숨 가쁘게 맞이한다.

많은 사람들이 예배드리는 일을 가장 마지막 선택 사항으로 놓는다. 그리고 다른 계획이 지장을 받지 않은 선에서 편한 시간에 예배드릴 수 있다고 생각한다. 어떤 이들은 이렇게 말한다. "나는 자연 속에 있을 때나, 캠핑을 할 때나, 또는 수상스키를 탈 때에도 예배를 드린다." 그러나 이런 종류의 예배는 하나님께서 명령하신 형태의 예배가 아니다. 매주 한 번씩 드리는 예배는 반드시 다른 믿는 사람들과 함께 모여 공적으로 드리는 예배 형식이어야만 한다.

하나님께서는 모든 가족들이 함께 모여 하나님을 찬양하기 원하신다. 우리가 함께 모여 예배드릴 때 하나님은 그 예배 가운데서 우리를 만나 주신다. 예수님의 말씀을 봐도 이 사실을 알 수 있다. "두세 사람이 내 이름으로 모인 곳에는 나도 그들 중에 있느니라"(마 18:20).

함께 모여 드리는 예배는 혼자 드리는 예배와 비교할 수 없는 기쁨이 있다. 함께 노래하고 찬양할 때, 함께 기도하고 죄를 고백할 때, 함께 나누고 묵상할 때, 함께 헌금하고 헌신할 때, 믿음이 재확인되고 소망이 다시 힘을 얻으며 사랑이 새롭게 되는 것이다.

우리는 함께 깊이 있게 예배드리는 방법들을 생각하기 전에 먼저 하나님의 명령을 준수하겠다는 진지한 결단부터 해야 한다. 만약 자신이 일중독에 빠져 있다면 결코 그 일을 내려놓고 쉴 수 없을 것이다. 또는 예배가 헌신에 의한 것이 아닌, 자신이 편한 시간에 가끔 드리는 식이라면, 안식일을 자신의 계획표에 포함시킬 필요가 있다. 다음의 성경 구절은 우리에게 균형 있고 건강한 삶의 리듬이 무엇인지 말해 준다.

> "모이기를 폐하는 어떤 사람들의 습관과 같이 하지 말고 오직 권하여 그날이 가까움을 볼수록 더욱 그리하자"(히 10:25).

예배는 서로를 향한 사랑

하나님께서는 우리의 예배가 완전하기를 기대하시지 않는다. 다만 우리 모두가 마음을 하나님께 모으고 준비되고 정돈된 마음으로 예배드리기를 원하신다. 예배를 통해 우리는 하나님께 감사하며(시 95:2), 거룩하시고 오직 한 분뿐이신 참된 하나님의 임재 안으로 들어가야 한다.

하나님과 동행하는 매일의 삶 속에서 나타나는 우리의 모습과 행동 그 자체가 이미 창조자 하나님께 드리는 예배가 된다(롬 12장). 그리고 함께 모여 드리는 예배는 이러한 생활 예배의 연장이 된다. 서로를 향한 사랑은 예배의 또 다른 형태이다. 그 사랑은 "한 마음과 한 입으로 하나님 곧 우리 주 예수 그리스도의 아버지께 영광을 돌리는"(롬 15:6) 예배를 드리는 데 있어 매우 중요한 요소이다.

하나님과의 교제를 방해하는 것들은 모두 깨끗이 없어져야 한다. 시편 기자는 다음과 같이 선포했다. "여호와의 산에 오를 자가 누구며 그의 거룩한 곳에 설 자가 누구인가 곧 손이 깨끗하며 마음이 청결하며 뜻을 허탄한 데에 두지 아니하며 거짓 맹세하지 아니하는 자로다…이는 여호와를 찾는 족속이요 야곱의 하나님의 얼굴을 구하는 자로다"(시 24:3-4, 6).

우리의 손과 마음은 예수 그리스도의 죽음과 부활을 통해 정결케 되었다. 예배는 오직 예수 그리스도를 통해서만 하나님께 열납된다. "그러므로 우리는 예수로 말미암아 항상 찬송의 제사를 하나님께 드리자 이는 그 이름을 증언하는 입술의 열매니라"(히 13:15).

예배를 준비한다는 것은 마음을 잠잠히 하고 하나님께서 우리를 위해 행하신 일들을 묵상하는 것을 의미한다. 이렇게 할 때 우리의 마음은 감사함으로 가득 찰 수 있다. 이런 감사의 마음은 찬양을 통해 표현된다. "내 영혼이 여호와의 궁정을 사모하여 쇠약함이여 내 마음과 육체가 살아계시는 하나님께 부르짖나이다"(시 84:2).

하지만 교회 안에서의 불화는 공적인 예배를 방해한다. 예수님은 우리가 서로 하나가 되는 것을 매우 중요하게 생각하셨다. 그래서 우리가 누군가와 화목하지 못한 상태에 있으면 예배를 중단하고 그 사람에게 가서 먼저 관계를 회복하라고 말씀하셨다. 깨어진 관계를 회복한 후에야 비로소 우리는 예배 가운데 나아올 수 있다.

나는 가끔씩 교회 안에서 화목하지 못한 사람들이 서로 화해할 때까지 예배를 드리지 않기로 한다면 교회 안의 깨어진 관계들이 빠르게 회복될 수 있지 않을까 생각해 본다. 먼저 우리는 마음을 점검하고, 다음 세 가지를 하나님께 아룀으로써 공적인 예배를 준비해야 한다.

> "하나님, 다른 어떤 것도 아닌 하나님께만 집중하려 합니다. 나의 마음을 정결케 하여 일심으로 하나님께 예배드리도록 도와주소서. 온전한 마음으로 하나님 앞에 나아가기를 갈망합니다."

> "하나님에게서 무언가를 얻기 위해서가 아니라 하나님께 드리기 위해 나아옵니다. 나는 하나님의 손이 아니라 하나님의 얼굴 보기를 갈망합니다. 나의 주 하나님께 예배드리는 것 외에 다른 어떤 목적도 없습니다."

> "나는 하나님께 찬양드리기 위해 나아옵니다. 손을 들고 소리 높여 찬양하며 온 마음으로 하나님께 예배드리기 위해 나아옵니다. 나의 마음을 하나님의 선하심과 인자하심에만 집중하기를 원합니다. 인간적인 실수와 방법에 마음을 쏟지 않겠습니다. 또한 하나님의 이름에 영광을 돌리기 위해 나아온 형제자매들을 정죄하지 않겠습니다."

예배를 통해 하나님 앞으로 불러 주시는 하나님의 초대는 헤아

릴 수 없는 특권이다. 우리는 그것을 결코 당연한 일로 받아들여서는 안 된다.

함께하는 기도의 힘

초대교회 성도들은 함께 모여 한마음으로 꾸준히 기도하였다. 성경은 우리가 "감사함으로 깨어"(골 4:2) 기도에 항상 힘써야 한다고 말한다. 기도할 때 하나님의 임재와 능력이 우리의 삶 가운데 나타나기 때문이다. 그러나 정작 많은 그리스도인들이 기도해야 할 때 기도하지 않으면서 기도 생활이 부족하다는 것에 대한 죄의식만 안고 살아간다.

솔직히 말하면 기도에 힘쓰고 함께 기도하는 것을 배우는 것은 쉬운 일이 아니다. 그런데 흥미로운 사실 한 가지는, 제자들이 예수님에게 무엇인가를 가르쳐 달라고 부탁한 적이 단 한 번뿐이었는데, 그것이 바로 기도를 가르쳐 달라는 것이었다. 그들은 이렇게 말했다. "주여 요한이 자기 제자들에게 기도를 가르친 것과 같이 우리에게도 가르쳐 주옵소서"(눅 11:1).

그렇다면 소그룹 안에 기도의 활력을 불어넣기 위해서는 어떻게 해야 할까?

첫째, 기도를 우선시해야 한다

사도행전 4장에서 사도들이 부당하게 체포되어 감옥에 갇혀 위협을 당했을 때, 그들은 보호를 요청하지 않았다. 대신 기도 모임을 요청했다. 그러자 그들이 기도하고 있던 곳이 하나님의 권능으로 흔들렸다. 잠시 동안이나마 모든 것을 멈추고, 우주의 창조자이신 하나님께서 우리의 간절한 기도 소리를 듣기 원하신다는 사실을 생각해 보라(신 4:7). 하나님께서는 우리의 필요를 채워 주기를 기뻐하시는 좋은 아버지이시며, 우리는 그 사실을 알고 하나님 앞으로 담대히 나아갈 수 있어야 한다(히 4:16).

둘째, 모든 지체들이 기도에 동참해야 한다

두 사람이 서로를 위해 기도할 때도 마찬가지지만 공동으로 기도할 때도 큰 능력이 나타난다. 몇몇 사람은 통성기도를 편하게 느낄 수도 있다. 이런 지체들에게는 대표기도를 시키는 것이 좋다. 함께 모여 합심기도를 하기로 했다면 모든 사람들이 적극적으로 참여하도록 하는 것이 중요하기 때문이다. 만일 함께 기도하는 것을 불편하게 여기는 사람이 있다면 다음 방법들을 활용해 보면 좋을 것이다.

> 첫째, 짧은 기도로 시작한다
>
> 기도 모임을 시작하는 순간부터 마무리 기도를 할 필요는 없다. 첫 단계에서는 한 문장 정도로 짧게 기도하면 된다.
>
> 둘째, 자신의 모습 그대로 기도한다
>
> 특별한 목소리나 거창한 단어들을 사용해서 기도할 필요는 없다. 단지 좋은 친구에게 이야기하듯이 하나님께 기도한다. 정해진 '올바른 기도 형식'이란 없다.
>
> 셋째, 다른 사람이 아닌 하나님께로만 마음을 향하게 한다
>
> 결국 우리가 기도를 드리는 대상은 하나님이시다. 하나님은 우리의 중심을 보시지 우리가 사용하는 말의 고상함을 보시지 않는다.

셋째, 기도가 필요한 부분을 지체들과 나누고 기도 요청을 한다

이것은 우리가 소그룹 모임에서 기도할 때 얻을 수 있는 큰 이점 중 하나다. 진정으로 나를 사랑하는 친구들 가운데 있을 때 좀 더 마음을 열고 절실히 필요로 하는 것들을 나눌 수 있다. 누구든지 자신의 기도를 구체적으로 나누어야 다른 지체들이 함께 구체적으로 기도해 줄 수 있다. 그리고 하나님께서도 구체적으로 우

리의 기도에 응답해 주실 것이다.

넷째, '기도해야 될 순간'을 놓치지 않는 법을 배워야 한다

만약 누군가가 개인의 필요와 위기, 또는 찬양의 은혜를 나눌 때 지체하지 말고 바로 그 순간에 함께 기도하는 습관을 기른다. 자신의 삶과 고민을 나누면서 흘리는 눈물은 종종 함께 기도하도록 만드는 하나님의 초대가 된다. 때때로 소그룹 모임이 해야 할 가장 중요한 일은, 기도가 필요한 사람을 위해 따뜻한 마음으로 함께 기도해 주는 것이다.

함께 기도하는 것은 그리스도의 공동체의 일원으로서 우리가 가질 수 있는 가장 위대한 특권 가운데 하나이다. 우리 모두 그러한 특권의 유익을 온전히 누려야 할 것이다.

거룩한 헌금

예수님이 천국이나 지옥에 대한 것보다 돈이나 재물에 대해 가르치신 것이 훨씬 더 많다는 사실을 알고 있는가? '드린다'는 단어는 성경에서 1,500번 이상이나 사용되었다. 믿음, 소망, 사랑, 기도보다 훨씬 더 많이 사용된 것이다. 그 이유가 무엇일까? 하나님께서는 우리가 그분처럼 풍성하기를 원하신다. 그러나 후하게 나누어 주는 것을 배울 때에만 하나님처럼 풍성해질 수 있다. 하나님께서는 후하게 나누어 주시는 분이다. 우리가 가진 모든 것은 하나님께 받은 선물이다(대상 29:14).

많은 교회가 헌금은 예배의 중요한 부분이 아니라고 생각한다. 그러나 성경은 하나님께서 우리가 드리는 헌금이 과거, 현재, 미래의 세 가지 차원에서 그분을 경배하는 깊고 의미 있는 표현이 되기를 원하신다고 가르치고 있다.

첫째, 헌금은 과거에 하나님께서 우리에게 행하신 일에 대한 감사의 표현이다

'감사'와 '드림'은 함께 간다. 하나님께 헌금을 드림으로써 우리는 하나님께서 우리에게 주신 모든 축복에 대한 감사를 표현하는 것이다. 하나님께서는 우리가 감사하는 마음으로 드리기를 원하신다. 성경은 다음과 같이 말했다. "각각 그 마음에 정한 대로 할 것이요 인색함으로나 억지로 하지 말지니 하나님은 즐겨 내는 자를 사랑하시느니라"(고후 9:7). 그리고 다시 이렇게 말했다. "너희가 모든 일에 넉넉하여 너그럽게 연보를 함은 그들이 우리로 말미암아 하나님께 감사하게 하는 것이라"(고후 9:11).

둘째, 헌금은 현재 우리의 우선순위가 무엇인지를 나타낸다

십일조의 목적은 언제나 하나님을 우리 삶의 최우선 순위에 두는 법을 배우기 위함이다. 성경은 헌금이 하나님을 향한 우리의 사랑이 얼마나 진실한가를 증명한다고 말한다(고후 8:8). 만약 우리가 첫 수입을 하나님께 드리고, 한 주간의 첫 날을 드린다면, 그것은 우리 마음속에 하나님이 최우선의 자리를 차지하고 있다는 증거가 된다. 예수님은 이렇게 말씀하셨다. "네 보물 있는 그곳에는 네 마음도 있느니라"(마 6:21).

셋째, 헌금은 우리의 미래를 책임지시는 하나님을 향한 믿음의 표현이다

하나님께서는 헌금이 우리의 믿음을 증명한다고 생각하신다. 말라기 3장 10절의 말씀을 보면 알 수 있다. "너희의 온전한 십일조를 창고에 들여 나의 집에 양식이 있게 하고 그것으로 나를 시험하여 내가 하늘 문을 열고 너희에게 복을 쌓을 곳이 없도록 붓지 아니하나 보라." 하나님께서는 우리가 재정 계획을 세울 때 하나님을 가장 우선시하므로 우리를 보살펴 주겠다는 그분의 약속을 신뢰하기 원하신다.

많은 사람들이 영원한 구원을 위해서는 기꺼이 하나님을 신뢰하면서도 십일조를 낼 만큼은 충분히 신뢰하지 않는다는 사실이 항상 놀라울 따름이다.

바울은 거룩한 헌금의 세 가지 특징을 다음과 같이 보여 주고 있다.

첫째, 매주일 드려야 한다

하나님은 우리가 규칙적으로 헌금하기를 원하신다. 그렇다면 왜 주일에 드려야 하는가? 그것은 헌금이 예배의 한 행위이기 때문이다.

둘째, 계획성 있게 드려야 한다

헌금은 작정하고 드려야 한다. 하나님께서는 충동적으로 하는 것을 원하지 않으시고 우리가 무엇을 드릴 것인가를 생각하기 원하신다.

셋째, 수입에 따라 드려야 한다

십일조는 하나님의 도우심으로 우리가 벌어들인 것의 10%를 드리는 것이다. 하나님은 우리가 드린 액수를 보지 않으신다. 하나님께서는 우리가 얼마를 가지고 있는가와 헌금 드릴 때의 태도를 보신다.

예배는 축제

우리는 이 땅에서 찬양할 권리를 가진 사람들이다. 우리는 삶을 그리스도께 헌신하였으며, 하나님의 가족으로 부르심을 받은 사람들이다. 하나님께서 우리를 위해 행하신 모든 일들을 생각해 보라.

예수 그리스도를 믿음으로 우리는…

- 인생의 새로운 목적과 의미를 얻었다!
- 모든 죄와 잘못과 실수를 용서받았다!
- 하나님의 무조건적인 사랑을 받고 용납되었다!
- 우리를 지지하는 영적 가족을 얻었다!
- 하나님께서 우리 삶의 주인이 되심으로 모든 근심 걱정에서 해방되었다!
- 하나님으로부터 상처, 나쁜 습관, 그리고 마음의 고통을 극복할 수 있는 능력을 받았다!
- 성공적인 삶을 위한 원리가 되는 하나님의 말씀을 받았다!
- 수치심과 후회, 분노에서 해방되었다!
- 사탄이 우리의 구원을 빼앗지 못한다는 확신을 얻었다!

- 하나님께서는 우리의 유익을 위해 모든 것이 합력하여 선을 이루게 하시는 분임을 알고 위로를 얻었다!
- 소망과 낙천적인 믿음으로 매일의 삶을 살아갈 수 있다!
- 영적 은사, 재능, 능력으로 무장되었다!
- 하나님의 모든 약속으로 보호를 받는다!
- 필요한 모든 것을 공급받는다!
- 천국에서의 영원한 생명이 보장되었다!

이 모든 혜택을 받았는데 우리가 어찌 찬양하지 않을 수 있겠는가! 사무엘하 6장 5절은 이렇게 말한다.

> "다윗과 이스라엘 온 족속은 잣나무로 만든 여러 가지 악기와 수금과 비파와 소고와 양금과 제금으로 여호와 앞에서 연주하더라."

이러한 상황은 분명히 유쾌하고 떠들썩한 분위기였을 것이다. 그러나 다윗의 아내인 미갈은 하나님을 찬양하는 것보다 품위를 지키는 일에 더 관심을 기울였다. 그래서 그녀는 열광적으로 찬양하며 예배하는 다윗을 업신여기고 비난하였다(삼하 6:16-20). 슬프게도 오늘날 많은 교회에서 미갈과 같은 사람들로 인해 믿는 자들의 공동체가 예배를 즐기며 교제하는 일이 방해를 받고 있다.

하나님께서는 그분의 자녀들이 하나님을 찬양하는 소리를 사랑하신다. 시편 150편 6절은 "호흡이 있는 자마다 여호와를 찬양할지어다"라고 말했다. 또 시편 149편 1절은 우리가 어떤 종류의 찬양을 해야 하는지를 말해 준다. "새 노래로 여호와께 노래하며 성도의 회중에서 찬양할지어다." 왜 새 노래인가? 하나님이 우리의 삶에서 새로운 일을 행하고 싶어 하시기 때문이다. 성경에는 잔치와 축제 같은 축하 행사들로 가득하다. 이는 그런 것들이 우리 삶의 진보를 나타내는 중요한 수단들이기 때문이다. 기념하는 일은 큰 능력을 지닌다. 그러나 우리는 너무도 자주, 다음 일정과 업무로 바쁜 나머지, 잠시나마 모든 것을 멈추고 성취된 일들을 축하하지 못한다.

천국은 위대한 찬양으로 가득한 곳이다. 이제 찬양 연습을 시작함으로써 천국을 향한 마음의 준비를 하자. 지금 이 땅에서 하나님을 찬양하기 위해 보내는 시간은 찬양이 끊이지 않을 천국에서의 날들을 더욱 간절히 소망하게 만들 것이다.

◆ 더불어 삶을 사는 자의 자기 점검 ◆

1. 하나님의 리듬에 보조를 맞추며, 우리의 계획과 우선순위를 정하고 일하기 위해 필요한 것은 무엇인가?

2. 매주 있는 주일예배를 위해 나는 어떻게 준비하고 있는가?

3. 예배를 드릴 때 다른 사람이 어떻게 생각할지를 중요하게 여기는가, 아니면 하나님이 어떻게 생각할지를 중요하게 여기는가?